CATTURANDI

I.M.D.

CATTURANDI

DE PROVENZANO AOS LO PICCOLO:
COMO CAPTURAR UM PERIGOSO FORAGIDO

Tradução
Marcello Lino

Rio de Janeiro | 2012

Copyright © 2009 *by* Dario Flaccovio Editore s.r.l.

Título original: *Catturandi: da Provenzano ai Lo Piccolo: come si stana un pericoloso latitante*

Capa: Sérgio Campante
Foto de capa: Marcello Paternostro/AFP/Getty Images

Editoração: FA Studio

Texto revisado segundo o novo
Acordo Ortográfico da Língua Portuguesa

2012
Impresso no Brasil
Printed in Brazil

Cip-Brasil. Catalogação na fonte
Sindicato Nacional dos Editores de Livros, RJ

I1c	I.M.D.
	Catturandi: de Provenzano aos Lo Piccolo: como capturar um perigoso foragido/I.M.D.; [tradução de Marcello Lino] — Rio de Janeiro: Bertrand Brasil, 2012.
	176p.
	Tradução de: Catturandi: da Provenzano ai Lo Piccolo: come si stana un pericoloso latitante
	ISBN 978-85-286-1591-3
	1. Policiais judiciários — Itália. 2. Policiais judiciários — Investigação — Itália. 3. Máfia — Itália. 4. Crime organizado — Itália. I. Título.
	CDD: 364.106945
12-2424	CDU: 343.341(450)

Todos os direitos reservados pela:
EDITORA BERTRAND BRASIL LTDA.
Rua Argentina, 171 — 2º andar — São Cristóvão
20921-380 — Rio de Janeiro — RJ
Tel.: (0xx21) 2585-2070 — Fax: (0xx21) 2585-2087

Não é permitida a reprodução total ou parcial desta obra, por quaisquer meios, sem a prévia autorização por escrito da Editora.

Atendimento e venda direta ao leitor:
mdireto@record.com.br ou (0xx21) 2585-2002

*Um dia, quando você for maior
e eu for mais velho, contarei minha verdade.
Pena que não chegaremos a esse dia.*

À memória do doutor Antonino Nicchi,
diretor e homem da Polícia de Estado.

Sumário

Agradecimentos 9

Prefácio *de Cono Incognito* 11

Introdução *de Leonardo Guarnotta* 13

POLICIAIS E FORAGIDOS: UM MUNDO CONTRA O OUTRO

Premissa 17

A atividade do "captor" 19

A "qualificação" de foragido 25

A força de um foragido 29

O favorecedor 37

CATTURANDI: MÉTODOS, TÉCNICAS E COMPARAÇÕES

A Polícia Judiciária 49

As interceptações 55

A tecnologia a serviço das forças policiais 61

As buscas 65

As atividades de vigilância na busca de um foragido 69

Outras atividades da Polícia Judiciária 73

O mandado de prisão europeu 75

F.B.I.: metodologias diferentes para realidades diferentes 77

A TRANSFERÊNCIA DE INFORMAÇÕES DENTRO DA COSA NOSTRA

A comunicação na gestão do poder mafioso 89

Os níveis da comunicação 95

A comunicação unilateral: os *pizzini* 99

Os *pizzini* de Franco Franzese 103

Interceptações: aspectos não verbais da fala 107

A QUEDA DE BRAÇO ENTRE ESTADO E ANTIESTADO

O pensamento mafioso: desvio e fundamentalismo 115

O poder da máfia 119

As mulheres da máfia 125

A força das instituições 129

A captura de Salvatore Lo Piccolo 137

A caça continua 147

Clark Kent, não Super-Homem 149

Referências 153

Posfácio *de Salvatore Costantino* 155

Referências do posfácio 175

Agradecimentos

Uma das coisas que comecei a fazer por hábito, ao começar a ler um livro, é iniciar pela análise dos agradecimentos, quer eles estejam no início ou no fim. Não sei quando comecei a fazer isso, mas é algo que racionalizei há pouco tempo.

Provavelmente me ajuda, antes mesmo de conhecer a história, a compreender quem é o autor, a que ambiente ele pertence, o que se pode esperar do relato, quem são as pessoas que o circundam. Algo diferente da introdução ou do prefácio, pois é ainda mais íntimo.

Será certamente uma consequência do meu modo de vida: procurar descobrir, antes mesmo de olhar, o que está na minha frente.

Por isso não mencionarei sobrenomes e não indicarei profissões, mas apenas os nomes, de modo que o meu agradecimento vá direta e exclusivamente para quem sabe ser o destinatário.

Que o leitor não me leve a mal, não se trata de um sinal de desconfiança, senão eu não teria escrito o livro. É uma questão apenas de manter na esfera privada um sentimento que, de qualquer maneira, deve ser externado.

Portanto, obrigado a Peppino, que emprestou o rosto para a capa deste livro. A Luciano, Daniele, Alfonso e Rosario, que contribuíram ativamente para a recuperação e a digitalização das fotos. A Antonio, que supervisionou o aspecto jurídico, evitando que eu cometesse alguns fiascos diante dos técnicos do direito.

Obrigado a Slavo, por ter me apresentado Raffaella, que acreditou no texto e permitiu, com a sua contribuição, que eu encontrasse uma boa editora. A Angela, por ter me emprestado anotações e documentos ligados à sua tese de graduação e, por fim, um obrigado às "Instituições", cada uma no próprio setor, que quiseram contribuir de alguma forma para o texto, tornando-o mais prestigioso, completando-o e enriquecendo-o com a própria ciência e o próprio pensamento.

Com Barbara, Davide e Alice, estarei sempre em dívida e nunca poderei pagar o tempo que tirei deles ao me dedicar à escrita.

Um agradecimento especial à Polícia de Estado, aos meus colegas e amigos da Divisão Catturandi: sem eles, tudo o que aconteceu e que é brevemente relatado no livro hoje seria apenas uma lenda.

Prefácio

*de Cono Incognito**

Contar histórias da máfia e dos mafiosos se tornou quase uma moda que, sob alguns aspectos, é contraproducente em certos casos. De fato, é possível veicular mensagens e informações que não deveriam ser difundidas. Sobretudo quando essas informações provêm de fontes que parecem legítimas e qualificadas, mas que, na verdade, não são nada disso. Porém, quando recebi o telefonema de um dos *meus* homens perguntando se eu podia fazer a apresentação do seu livro sobre foragidos e procurados, não tive dúvida alguma e aceitei o convite.

A Catturandi é e sempre será uma divisão policial única no mundo, uma experiência humana e profissional que deixa marcas para o resto da vida.

Tive a honra de fazer parte desse esplêndido grupo e espero que ninguém se ofenda se eu disser que, juntos, conseguimos desarticular, de maneira estrutural e profunda, a Cosa Nostra de Palermo.

Primeiro com Provenzano, e em seguida com os Lo Piccolo, os homens e mulheres da Catturandi demonstraram mais uma vez abne-

---

* Primeiro diretor da Polícia de Estado na Direção Central da Polícia Criminal de Roma.

gação, espírito de sacrifício e método, provando ser a arma vencedora para capturar qualquer "fujão".

Parabenizo o "Sargento dos Telefones" (como eu o chamo afetuosamente), autor deste livro, por ter explicado pela primeira vez, em termos simples e abrangentes, o que está por trás de uma longa e complexa atividade da Polícia Judiciária, como a busca e a captura de um mafioso foragido.

Espero que os leitores, por sua vez, ao ler nas entrelinhas, "desencavem" as emoções, as sensações e a coragem que esses incansáveis servidores do Estado põem em jogo para cumprir até o final o próprio dever.

Aos *meus* rapazes, mais uma vez: obrigado.

Introdução

*de Leonardo Guarnotta**

Nem todos sabem que a captura de foragidos, especialmente quando são entregues à justiça após muitíssimos anos no topo da Cosa Nostra, é sempre fruto de um acurado e sofisticado trabalho de *intelligence* e de um empenho cotidiano e louvável executado sem que sejam poupadas energias físicas e mentais.

Isso é o que nos faz lembrar o autor — integrante de um grupo de policiais altamente qualificados e especializados da Divisão Catturandi da Chefatura de Polícia de Palermo — através da lúcida e sugestiva descrição "interna" da atividade complexa, cansativa e febril cujo objetivo é desentocar foragidos perigosíssimos.

O leitor quase tem a impressão de que também está ouvindo conversas interceptadas, participando de longas e extenuantes tocaias e perseguições, sentindo a adrenalina que sobe ao máximo no momento de invadir o covil do foragido, colocando as algemas nos pulsos dos delinquentes presos, em suma, compartilhando com o autor uma experiência humana e profissional única e, sob certos aspectos, impossível de ser repetida.

---

* Presidente do Tribunal de Termini Imerese.

CATTURANDI

Ao ler as páginas do livro, podemos sentir a paixão, o orgulho, a dedicação à causa, o respeito pelas regras e o amor pelo próprio trabalho de um fiel servidor do Estado, ao qual, bem como aos seus colegas, todos nós devemos agradecer na esperança de que seu trabalho reforce nos leitores a consciência de que a máfia deve ser combatida sempre e de qualquer forma, seja qual for o papel social desempenhado por cada um de nós.

Policiais e foragidos:
um mundo contra o outro

Premissa

Eu queria contar minha experiência como policial. Sentia, com força, essa exigência. Para uma pessoa como eu, que, profissionalmente, passa dias e noites em absoluto silêncio, escutando as conversas dos procurados, era chegado o momento de falar, de escrever.

A ideia de um livro surgiu no dia seguinte à captura de Bernardo Provenzano, mas, por causa da busca imediata e contínua de outros foragidos perigosos, o projeto encalhou para, em seguida, ganhar corpo novamente após a prisão de Franco Franzese, ex-integrante do clã mafioso de Tommaso Natale.

De fato, nas primeiras horas da manhã de 3 de agosto de 2007, após ter chegado em casa vindo dos escritórios da *Squadra Mobile* [Esquadrão Investigativo da Polícia de Estado], comecei a pôr no papel as primeiras anotações, aproveitando cada momento livre que o trabalho e a família me concediam. Mas parei pouco tempo depois, em 5 de novembro daquele mesmo ano, data que ficou marcada na história da luta contra a máfia pela captura, nos campos de Giardinello, de quatro foragidos, dentre os quais Salvatore e Sandro Lo Piccolo, e seus cúmplices. Depois, superado aquele momento exaltante e agitado, voltei a escrever.

Catturandi

O resultado, perdoem-me a falta de modéstia, foi um livro razoável, no qual — pelo menos que eu saiba — se falava pela primeira vez de homizio e de foragidos, levando em consideração vários aspectos, tanto jurídicos quanto sociológicos e criminológicos.

Minha intenção era explicar — mas, de início, eu ainda não sabia se deveria me dirigir a um público especializado, como os estudantes de ciências políticas e direito, ou a todos os leitores potencialmente interessados — o que significava tecnicamente o termo "homizio", quais as consequências jurídicas dessa condição e quais as funções dos cúmplices, quem se ocupa da busca desses criminosos, por que são necessários anos para que se consiga pegá-los, por que é necessário capturá-los o quanto antes, como são esses indivíduos no plano humano e qual é o papel sociocriminoso por eles desempenhado. E, ainda, a função de suas mulheres no âmbito da gestão da fuga, a organização "circular" que os protege, a comparação com o sistema jurídico americano em matéria de procurados e muito mais.

Meu objetivo era certamente bastante complexo e difícil de ser alcançado, portanto, de tempos em tempos, eu era atormentado por dúvidas. Mas minha mulher — embora seja a pessoa que, como todas as mulheres e filhos de policiais, mais sofre com o peso de uma profissão abrangente como a minha — sempre me incentivou. Apesar de a redação de um livro significar menos tempo dedicado à família, minha mulher me repetia com frequência:

— Você é um investigador da Catturandi há mais de dez anos. Por que não tenta?

Então, tentei. E o resultado é um livro para todos, não somente para especialistas ou para quem quer se tornar policial um dia, mas também para quem apoia a luta contra a máfia e quer conhecer por dentro o trabalho dos investigadores. Espero que tudo isso possa apaixoná-los.

I.M.D.

A atividade do "captor"

São quase três horas da madrugada de 3 de agosto de 2007 quando, de volta à minha casa depois de uma semana ininterrupta de trabalho como homem da Catturandi (tocaias e várias escutas de conversas interceptadas, decifradas e reinterpretadas), ainda cheio de adrenalina e café por causa dos acontecimentos do dia que acaba de chegar ao fim, começo a escrever este livro.

Inicio exatamente contando qual é a minha tarefa no seio da "estrutura".

Quando não faço serviço de rua, dando apoio aos colegas, o trabalho que desempenho é o de escutar as conversas telefônicas das pessoas que, em jargão, são chamadas de manjadas — ou seja, que estão sob nosso interesse investigativo —, tentando entender os significados, as coisas não ditas, os suspiros e, às vezes, até os pensamentos de quem fala.

De fato, conversando ao telefone, os dois interlocutores percebem exclusivamente a mensagem que A envia a B e vice-versa. Porém, se há uma terceira pessoa na escuta, a bagagem de informações adquiríveis é triplicada. Por exemplo: é possível ouvir as palavras, ou até mesmo as frases, que A e B sobrepõem entre si; escutar os barulhos de fundo;

entender se perto do interlocutor interceptado tem alguma outra pessoa que está falando; conhecer bem o personagem, a partir do tipo de fraseado utilizado ou das pausas no seu discurso, interpretando seu estado de espírito, que muitas vezes não é captado pelo interlocutor natural. Além disso, às vezes, dizemos e fazemos coisas ao telefone que duas pessoas diante uma da outra, cara a cara, nunca diriam nem fariam. A conversa é "desobjetivada".

Portanto, essa é a tarefa do operador designado para a escuta: se tornar um membro daquele grupo, daquela família. O fato de conhecer seus hábitos, expressões, meias palavras, segredos, neuroses e tiques se torna um ato gradual e natural que cada agente ou oficial da Polícia Judiciária deve realizar — e, de fato, realiza — no momento em que lhe são confiados um ou vários desses indivíduos.

A experiência se torna sua força, sua mestra, como nenhum curso de psicanálise, nenhuma lição de sociologia ou de técnica da comunicação seria capaz de fazer. O nada absoluto: apenas horas e horas de escutas e novas escutas das conversas daqueles indivíduos fazem com que você se torne "como eles". E eis que uma meia frase, a mudança de um hábito ou de um comportamento fornecem o *input* para uma descoberta eletrizante.

As pessoas que você intercepta estão se preparando, precisam fazer alguma coisa, dão sinais de que vão se mexer? Então, você logo está pronto para apresentar suas sensações aos colegas, convencê-los de que aquele é o momento certo, de que você encontrou o caminho e que, portanto, precisa pressionar, forçar para chegar ao covil.

Descrito dessa maneira, parece uma brincadeira de criança, mas não é. Podem se passar dias, ou até meses e anos, para conseguirmos descobrir o último comparsa e, depois, finalmente, chegar a ele, o tal "alvo", o foragido que está sendo procurado.

No caso de "Binnu" Provenzano, por exemplo, foram necessários quase nove anos desde a abertura da investigação. E, quando entendemos o jogo dos comparsas, foram necessários pelo menos vinte dias de trabalho ininterrupto com o intuito de identificar o covil para chegarmos finalmente à sua detenção. Muitos anos também foram gastos na captura de Salvatore e Sandro Lo Piccolo, embora os investigadores da Catturandi os tenham investigado durante cerca de dois anos, tendo à disposição a bagagem de conhecimentos das investigações precedentes, realizadas por outros departamentos, tanto da polícia quanto dos carabineiros.

Na investigação para a captura de Provenzano, por exemplo, as interceptações desempenharam um papel fundamental, embora o chefão nunca usasse telefone algum e limitasse ao máximo seus encontros com outros afiliados exatamente porque tinha medo de ser escutado e capturado.

Contudo, embora fizesse bem seus cálculos e soubesse se mexer, o "contador" — que é um dos apelidos de Provenzano — não podia deixar de se comunicar, dar ordens e receber respostas dos seus afiliados. E é aí que entra a atividade de pesquisa de um personagem desse tipo. Mais adiante, vou ilustrar melhor exatamente esse conceito: a força de um foragido da Máfia, da Camorra, da 'Ndrangheta, da Stidda, ou ligado de alguma forma a uma organização criminosa, está em permanecer, mesmo sendo procurado, no âmbito do seu território, a fim de gerir o comando e o controle graças aos grandes recursos de que dispõe.

Tudo isso, contudo, também representa sua fraqueza, seu ponto nevrálgico: se o sistema de comunicação for interceptado e decifrado, será só uma questão de tempo até que o "peixe caia na rede".

A essas atividades de caráter mais técnico, acrescentam-se aquelas de tipo tradicional: perseguições, tocaias, gravações em vídeo e tudo o mais que a Polícia Judiciária põe em campo para atingir a captura de um procurado.

Um trabalho de espera e paciência, muitas vezes realizado em condições proibitivas por causa dos lugares ou da exiguidade dos meios disponíveis.

Ficar no encalço de alguém em uma cidade como Palermo ou Milão certamente apresenta menos dificuldades do que em pequenos centros onde todos se conhecem e um estranho é imediatamente identificado.

Ao contrário, porém, o esconderijo em uma grande cidade torna mais difícil a busca do foragido, que pode facilmente se fixar, por exemplo, em um condomínio, sem levantar suspeitas entre os vizinhos, geralmente indiferentes, frios e distantes.

Entretanto, no final — como diz o famoso ditado —, "o crime não compensa": todos, ou quase todos, cada um a seu tempo, cairão nas malhas da justiça.

Não existem pessoas incapturáveis, não existem disfarces impossíveis de serem desvendados, não há falta de vontade quando se trata de encontrar um foragido. Tudo isso é fruto de estereótipos e legados jornalísticos.

A captura de um foragido depende exclusivamente dos recursos utilizados por ambas as partes, do grau de interação e integração do procurado com os lugares nos quais se esconde e com as pessoas que o encobrem e, por que não, de uma boa dose de sorte.

Examinando novamente a captura de Provenzano, foi escrito e dito no passado, mas também continua a ser escrito e dito agora que "Binnu" está na prisão, que ele teria gozado de certa impunidade graças às suas coberturas institucionais. Posso garantir ao leitor que, em mais de sete anos dedicados à busca do "tio Bino", além de alguns episódios de corrupção de certos membros da polícia ou em âmbito internacional, nenhuma "liderança" maior encobriu o foragido.[1]

Se foram necessários mais de quarenta anos para capturá-lo, isso se deve principalmente a alguns fatores: nem sempre houve um grupo de trabalho com esse objetivo; vastos eram os recursos à disposição desse indivíduo em termos de dinheiro e favorecedores, visto que, ainda hoje, muito tempo após a sua captura, são procurados e presos comparsas

A atividade do "captor"

e "laranjas" que controlam seu conspícuo patrimônio; o sistema de comunicação usado por Provenzano foi complexo, tornando necessária a utilização de muitos homens e meios dedicados exclusivamente à sua captura; a concentração dos recursos econômicos e dos meios foi direcionada para a busca de um foragido em detrimento de outro; houve momentos de sorte deslavada — ou azar, segundo o observador —, pois Provenzano conseguiu apagar seus rastros quando estava prestes a ser preso.

Com a captura de Franco Franzese, "coronel" da família mafiosa de Tommaso Natale, afilhado de Sandro Lo Piccolo e procurado por ter sido condenado por homicídio e associação de tipo mafioso, outra importante batalha contra a Cosa Nostra foi vencida. Além do seu valor objetivo, as informações obtidas graças à análise dos *pizzini* [bilhetes] encontrados em seu covil durante a batida policial serviram como instrumento psicológico para facilitar a colaboração de Franzese, que — depois de um breve período de reflexão — começou a guiar com suas próprias dicas os investigadores da Catturandi rumo à identificação daqueles favorecedores cuja "observação" levou, em alguns meses, à captura de quatro foragidos, dentre eles, a presa mais importante: o novo chefe distrital, Salvatore "Totuccio" Lo Piccolo.

Catturandi

Lista dos foragidos de periculosidade máxima que fazem parte do Programa Especial de Busca, selecionados a partir do grupo integrado de forças policiais (G.I.I.R.I.). Atualizada em 3 de novembro de 2008 (de acordo com o site www.poliziadistato.it)

Vito Badalamenti	Marco Di Lauro
Carmelo Barbaro	Matteo Messina Denaro
Domenico Condello	Gerlandino Messina
Paolo Di Mauro	Salvatore Miceli
Giovanni Strangio	Giovanni Motisi
Giovanni Arena	Sebastiano Pelle
Pietro Criaco	Giovanni Nicchi
Attilio Cubeddu	Domenico Raccuglia
Giuseppe De Stefano	Pasquale Russo
Raffaele Diana	Salvatore Russo
Raffaele Arzu	Pasquale Scotti
Giuseppe Falsone	Giovanni Tegano
Antonio Iovine	Michele Antonio Varano
Santo La Causa	Michele Zagaria
Giuseppe Giorgi	

A "qualificação" de foragido

Um "foragido", para a lei italiana, é quem se furta voluntariamente a uma ordem de prisão preventiva exarada pela autoridade judiciária ou quem se furta à prisão domiciliar, à proibição de deixar o país sem autorização judicial, à proibição de se ausentar de sua cidade sem autorização judicial ou ao encarceramento (artigo 296 do Código de Processo Penal). A ordem é emitida pelo juiz que também designa um defensor público ao réu que não dispõe de advogado.

A "qualificação" de foragido perdura até que a ordem que a determinou não seja revogada ou tenha perdido a eficácia, ou seja, até a extinção do delito ou da pena em razão do qual a ordem foi emanada.

Pode acontecer, por exemplo, de um indivíduo ter sido condenado em primeiro grau a uma pena e, nesse ínterim, fugir da prisão preventiva no cárcere, tornando-se sujeito de paradeiro ignorado e, posteriormente, foragido. Enquanto isso, apesar dos esforços e do uso de recursos, é possível que a sentença de apelação o declare inocente em relação àquele delito, acarretando, consequentemente, a extinção da ordem de busca, de maneira que as forças de segurança não têm mais a obrigação de localizá-lo.

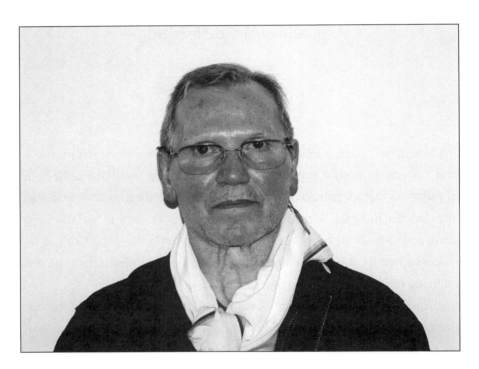

Bernardo Provenzano, preso em 11 de abril de 2006 pela Divisão Catturandi do Esquadrão Investigativo de Palermo e pelo pessoal do Serviço Operacional Central.

A *"qualificação" de foragido*

O foragido, no nosso ordenamento jurídico, se equipara ao fugitivo: no momento em que é declarado seu estado, as forças policiais têm o dever de procurá-lo e prendê-lo.

Tecnicamente, no momento em que deve executar uma ordem de prisão preventiva e não localiza o indivíduo (conforme o artigo 295 do Código de Processo Penal), a Polícia Judiciária redige um auto de busca em vão, o qual é enviado à autoridade judiciária que emitiu a ordem.

O magistrado pode, então, ordenar ulteriores buscas e, se as mesmas não derem resultado,[2] declarar o estado de homizio do indivíduo e ordenar sua localização. A partir desse momento, concretiza-se a condição de *permanência do delito*, que assume importantes características jurídicas, pois essa condição se equipara à de *flagrante delito*, com tudo o que está a ela vinculado, inclusive o uso de armas.

Para esclarecer ulteriormente: policiais, carabineiros e agentes da Guarda Fiscal podem realizar buscas locais e pessoais por iniciativa própria, sem autorização prévia da magistratura, e exigir — apresentando motivações válidas — decretos para interceptações telefônicas ou ambientais. Com base em uma lei de 1992, podem até, caso suspeitem que um procurado se refugiou em um edifício ou grupo de edifícios, proceder à busca em toda a estrutura.

Esse enorme poder de iniciativa atribuído à Polícia Judiciária é fruto de uma legislação emergencial, mas necessária, para uma luta funcional e eficaz contra a máfia.

Essas providências, de fato, foram adotadas pouco depois dos gravíssimos acontecimentos delituosos que ensanguentaram a Sicília em maio e julho de 1992, ou seja, quando os então foragidos Giovanni Brusca, Salvatore Riina, Bernardo Provenzano, Leoluca Bagarella e outros mataram Giovanni Falcone e Paolo Borsellino junto com suas escoltas.

A reação do Estado, mesmo que tardia, permitiu a criação de grupos de trabalho adequadamente respaldados que, no período de uma década, conseguiram obter resultados excepcionais, permitindo a prisão de todos os responsáveis pelas chacinas. O último dos foragidos capturados foi Bernardo Provenzano.

Exemplo de auto de busca em vão

CHEFATURA DE POLÍCIA

ESQUADRÃO INVESTIGATIVO

Divisão Catturandi

OBJETO: Auto de busca em vão redigido em face de _____

_____

No ano de _____, no dia _____ do mês de maio, às _____ horas, nos Escritórios da Divisão Catturandi do Esquadrão Investigativo da Chefatura de Palermo.

Nós, infra-assinados, Oficiais e Agentes da Polícia Judiciária, em serviço junto ao Departamento de Polícia supracitado, informamos que, na presente data, às _____ horas aproximadamente, fomos até a moradia do indivíduo indicado no objeto para proceder à sua captura, uma vez que o mesmo se encontra submetido a ordens restritivas da liberdade pessoal em virtude dos delitos de _____

_____.

No local, na presença de _____, identificado por meio do documento _____, informado das garantias defensivas previstas pela lei, foi iniciada a busca domiciliar, concluída às _____ horas com resultado negativo.

Portanto, em vista desses fatos, permanece a condição de homizio de _____. O presente auto, após leitura e confirmação, é assinado por nós, seus redatores. _____

_____//

A força de um foragido

O Código de Processo Penal equipara o status de foragido ao de fugitivo, dando assim origem a toda uma série de consequências relativas à esfera investigativa.

Entretanto, para compreender quem realmente é um foragido, é necessário examinar outras fontes, ir além do código e deter-se especialmente no estudo dos atos processuais e informações midiáticas (jornais, livros, docuficção, noticiários etc.)

Dessa análise, a primeira coisa que depreendemos e facilmente compreendemos é que nem todas as pessoas que querem se furtar a uma ordem de prisão preventiva têm à sua disposição os instrumentos e meios para fazê-lo.

Assim, se um cidadão — olhando um retrato-falado — reconhece o punguista que o furtou, dificilmente a polícia se verá diante de um fugitivo. Pelo contrário, provavelmente já sabe onde poderá encontrá-lo e se deslocará naquela direção. De fato, é improvável que o punguista tenha os recursos monetários necessários ao homizio. Além disso, a sanção à qual deverá ser submetido, embora tenha certo "peso", certamente não será tão incisiva a ponto de justificar seu paradeiro desconhecido. De fato, para aquele furto, em caso de condenação, a pena será de alguns meses de prisão, geralmente suspensa.

Finalmente, o substrato social a que o punguista pertence dificilmente terá condições de fornecer uma rede eficaz de cúmplices.

Por outro lado, é possível imaginar cenários totalmente diferentes se, no lugar do punguista, temos à nossa frente um terrorista ou um mafioso.

Um indivíduo dessa última categoria, se identificado, terá tanto os meios quanto a motivação para tentar evitar a prisão: disporá quase certamente de dinheiro e documentos que permitam deslocamentos contínuos dentro de um território e, caso seja necessário, também fora dele; poderá se valer de comparsas latentes ou não, prontos a fornecer apoio durante a fuga e o abrigo; terá todos os motivos psicológicos e emocionais para tentar permanecer livre o maior tempo possível a fim de fugir de um encarceramento longo ou permanente.

Por fim, um outro tipo de foragido é aquele que cometeu um crime hediondo, como um assalto ou um homicídio, e — uma vez descoberto — aposta tudo para garantir a fuga e a impunidade. Em geral, essas pessoas, embora possam usar recursos monetários e comparsas, caem mais facilmente na rede das forças de segurança. Na verdade, o que lhes falta é uma organização e um plano de fuga, o que, na maior parte dos casos, os leva a cometer um erro. Por isso faço uma distinção que, mesmo não tendo fundamento jurídico algum, pode auxiliar na orientação quanto aos diversos tipos de procurados:

a. com o termo *fugitivo* indico aquele que tenta uma fuga para outro território, até mesmo estrangeiro, com o único objetivo de escapar da justiça.

b. com o termo *foragido*, por outro lado, defino aquele que também se furta à prisão e à ordem da autoridade judiciária, mas dá prosseguimento aos seus negócios criminosos, permanecendo no próprio território e administrando a própria organização ou sendo por ela administrado.

A força de um foragido

Fazem parte dessa última categoria todos os procurados do crime organizado, seja ela a 'Ndrangheta, a Camorra, a Máfia, a Stidda etc.

Por isso, se lermos o boletim dos procurados no site do Ministério do Interior, entre os primeiros trinta, destacam-se exclusivamente indivíduos ligados a organizações criminosas e/ou terroristas.

A força desses homens está em permanecer dentro do próprio grupo, no âmbito da própria realidade territorial.

Contudo, como já mencionei, essa também é sua fraqueza: a necessidade de comando e presença física põe em risco seu disfarce e torna o trabalho dos comparsas muito mais exposto aos riscos da ação repressiva do Estado.

Por que é tão complexo capturar um foragido? Qual é, efetivamente, seu poder no âmbito da organização criminosa em que opera? É justificável o uso de recursos tão vastos para a captura desses indivíduos?

Tentarei dar uma resposta a essas três perguntas fundamentais.

Quanto ao motivo da dificuldade para capturar um foragido, a resposta imediata é a mais clara: é evidente que um foragido faz de tudo para não ser pego. Se ele dispõe de grandes recursos econômicos e humanos, as dificuldades aumentam proporcionalmente.

Vamos comparar dois ex-foragidos longevos: Bernardo Provenzano e Salvatore Lo Piccolo.

Ambos fazem parte da organização criminosa denominada Cosa Nostra, operavam na mesma facção — ou seja, a dos corleonenses[3] — e têm quase a mesma idade. Lo Piccolo, ao contrário de Provenzano, começou seu período de homizio cerca de vinte anos mais tarde, mas, assim como o "contador" até o momento da captura, o "Barão" (um dos apelidos de Lo Piccolo) também manteve até o último instante o controle capilar do seu território, embora fosse alvo de uma busca espasmódica por parte de todas as forças policiais.

Provenzano vem de Corleone e o outro é originário de Torretta, dois vilarejos da província de Palermo. Ambos os chefes da máfia saíram de baixo para chegar ao topo da organização e são responsáveis por inúmeros delitos, cometidos pessoalmente ou por seus afiliados.

Para pegar Provenzano, a Catturandi precisou de aproximadamente oito anos de trabalho intenso: interceptações, perseguições, confiscos, prisões. E, no final, após ter isolado o chefão, chegamos ao último elo dos seus favorecedores.

Para Lo Piccolo, seguimos o mesmo caminho. Porém, graças às operações precedentes dos carabineiros, da Guarda Fiscal e da polícia contra os homens desse distrito, resultando na prisão de dezenas de afiliados, o trabalho foi parcialmente simplificado e o tempo de busca se restringiu a um par de anos. Procurando Provenzano, acabamos prendendo outros personagens "excelentes". Benedetto Spera, por exemplo, o número dois entre os procurados por máfia na província de Palermo; Totuccio Sciarrabba, o chefe da família mafiosa de Misilmeri; o velho chefão Francesco Pastoia, que se suicidou na prisão porque não conseguia suportar a vergonha da nova captura e o fato de que, graças às suas conversas interceptadas, foi possível desbaratar toda a organização mafiosa de Belmonte Mezzagno e de Villabate; e ainda os chefes das famílias mafiosas de Mezzojuso Ciminna, etc.

Com Lo Piccolo, procedemos da mesma maneira como agimos com Provenzano: a prisão de afiliados importantes como Giulio Caporrimo, Carmelo Militano, o chefão Davì e, por último, a captura de Franco Franzese e Nino Nuccio demonstram isso claramente. Criar vácuo em torno do foragido — ou terra queimada, como diz Alfonso Sabella, o ex-substituto do procurador de Palermo — é um lance fundamental.

Mas existe uma diferença importante entre esses dois ex-procuradores: Salvatore Lo Piccolo, ao contrário de Provenzano, não administrava o próprio distrito com a abordagem do "bom pai de família", mas havia instaurado uma ditadura e exercitava o totalitarismo pleno com a sua presença e a do seu filho, Sandro, no território. Se a família de

A força de um foragido

Villabate, por exemplo, podia tomar a liberdade de levar a cabo um homicídio e, depois, informar Provenzano e explicar os detalhes do ocorrido, com os Lo Piccolo, isso não era possível: o responsável por um ato desse gênero certamente havia marcado o próprio destino.

De fato, no covil de Franzese foi encontrado um bilhete no qual Sandro Lo Piccolo ordenava o homicídio de um rapaz do bairro Marinella, culpado por ter atirado em um rival sem ter pedido as devidas autorizações.

Portanto, ao contrário de Provenzano, Salvatore Lo Piccolo foi um tremendo ditador e, por isso, se deslocou mais, precisou dar ordens e receber informações. Em uma palavra, tornou-se mais vulnerável.

Então, nos perguntamos por que foram necessários anos para capturá-lo. Por que, se desse ponto de vista ele era mais fraco do que Bernardo Provenzano, o chefão de Corleone foi capturado antes dele?

A resposta é simples: somente após a prisão de Provenzano se decidiu jogar o foco sobre Salvatore Lo Piccolo. De fato, não devemos esquecer que os recursos em campo são sempre os mesmos e são administrados com base em critérios às vezes alheios às questões investigativas. Em segundo lugar, é evidente que a rede de favorecedores de Lo Piccolo, apesar das prisões de muitos dos seus colaboradores mais fiéis, era tão complexa e segura a ponto de permanecer intacta e permitir os deslocamentos dos foragidos com total segurança.

Durante a operação que levou à captura dos Lo Piccolo, pai e filho, e de outros dois foragidos perigosos, foram presos outros três comparsas: Giuseppe Vincenzo Di Bella, de Montelepre; Filippo Piffero, dono da fazenda de Giardinello; e Vito Mario Palazzolo, de Cinisi. Eles se ocupavam do fornecimento dos meios de transporte alugados para os dois foragidos, que os utilizavam durante seus deslocamentos. Além disso, Piffero punha à disposição dos chefões sua própria casa para compromissos e reuniões com outros mafiosos, enquanto Palazzolo, junto com Di Bella, controlava o território durante os deslocamentos.

Provenzano, por outro lado, por estar em dificuldades, teve de se refugiar no próprio território, a poucos passos da sua casa. Lo Piccolo, por sua vez, nunca se afastou de Palermo e arredores, a não ser por períodos breves. Enquanto o primeiro, em Corleone, precisou do apoio de amigos de confiança, mas sempre fichados, Totuccio e Sandro Lo Piccolo contaram até o último minuto com a ajuda de dezenas de comparsas prontos a escondê-los e abrigá-los. Essa é uma diferença importante.

Os Lo Piccolo também tinham à disposição um reabastecimento contínuo e imediato de euros provenientes das extorsões e do tráfico de drogas: dinheiro que podia comprar o silêncio de bairros inteiros.[4] Inversamente, o dinheiro chegava a Provenzano, ainda que de maneira abundante, de mais longe e, portanto, às vezes, o velho chefão tinha de esperar pacientemente muito tempo.

Dessa forma, quando perguntamos se um procurado dessa importância pode ou não comandar a própria organização, a resposta, obviamente, é "sim".

O binômio presença-comando é um elemento indivisível para que seja possível exercitar o absolutismo e expandir o próprio domínio sobre a cidade e a província. É isso que faziam Lo Piccolo e Provenzano e que ainda fazem Matteo Messina Denaro e Domenico Raccuglia, para citar apenas alguns outros foragidos.

Voltando às três perguntas iniciais, é por isso que a resposta à última — que diz respeito à utilização de dinheiro, homens e meios para as buscas — só pode ser "sim": grandes recursos para capturar os foragidos são indispensáveis e devem ser potencializados.

Pessoalmente, concordo com quem afirma — Giovanni Falcone acima de todos — que a máfia, como organização estruturada, pode ser derrotada. Todavia, para atingir esse objetivo, é necessário capturar os chefes, que, na maior parte dos casos, ainda devem ser identificados ou procurados, pois estão foragidos.

A força de um foragido

A prisão de Provenzano, dos Lo Piccolo, de Adamo, Franzese, Pulizzi e outros certamente não bloqueou o poder intimidador e a força destrutiva dessa organização, mas, se a eles acrescentarmos os criminosos ainda em fuga, Mimmo Raccuglia, Matteo Messina Denaro, Giovanni Nicchi etc., a "derrapada" será tal que, em poucos anos, seria possível desferir um golpe decisivo à Cosa Nostra, interrompendo totalmente seu crescimento e expansão.

É necessária, porém, a reação contínua e imediata das instituições, que, intervindo prontamente, impedem a renovação geracional dentro das "famílias".

Para isso, são necessárias políticas de desenvolvimento e legalidade que invistam nas áreas mais atingidas, ou seja, no sul da Itália. Não são suficientes as ações de repressão do Estado, que certamente são necessárias, mas que, para atingir o resultado mencionado, devem ser acompanhadas de investimentos econômicos, sociais e culturais que eliminem o substrato social e ideológico da estratégia mafiosa-clientelista, que serve de alimento e apoio para as organizações criminosas e seus chefes.

O favorecedor

Quem permite ao perpetrador de um crime — que, por conseguinte, é procurado pela autoridade judiciária — eludir tal busca é indicado no Código Penal como favorecedor.

De fato, o artigo 378 do Código Penal estabelece que "qualquer pessoa que, após a comissão de um delito para o qual a lei estabelece prisão perpétua ou reclusão, salvo nos casos de participação no próprio delito, ajuda alguém a eludir as investigações da Autoridade ou a se furtar às buscas, é punido com até quatro anos de reclusão. Quando o delito cometido é o previsto no artigo 416 bis, aplica-se, de qualquer maneira, a pena de reclusão não inferior a dois anos".

Homens e mulheres que adotam um comportamento desse tipo respondem por um crime que, caso seja cometido para facilitar os objetivos da associação mafiosa, prevê um ulterior aumento da pena. Além disso, a lei prevê outro tipo de delito, ainda mais grave — contemplado no artigo 390 do Código Penal —, que é o auxílio na inobservância de pena.

No favorecimento pessoal, de fato, a pessoa que é ajudada não foi ainda condenada em via definitiva, mas se furta à prisão antes que seja concluído seu processo, no qual, teoricamente, pode ser absolvida.

O auxílio na inobservância da pena, por sua vez, se configura quando o foragido já foi condenado em via definitiva e, portanto, quem comete esse delito, sensivelmente mais grave, corre o risco de uma condenação de até cinco anos de reclusão.

É necessário distinguir os crimes de favorecimento e de formação de quadrilha ou participação externa. A participação externa se distingue da mera participação na formação de quadrilha porque o indivíduo não faz, nem pretende fazer, parte da quadrilha em si; ademais, os dois crimes se distinguem porque a contribuição oferecida não é ocasional e não visa favorecer um único indivíduo da quadrilha, mas a quadrilha em si. A participação externa deve consistir no fornecimento à associação de "contribuições relevantes" que visam tanto preencher as lacunas temporárias que surgiram na associação quanto, sobretudo, permitir a superação de uma fase "patológica" (de grande dificuldade ou de emergência) que fez com que a própria associação entrasse em um estado de "agitação".

Mas quem são esses homens e mulheres que se arriscam a ir para a cadeia a fim de proteger alguém que, muito provavelmente, eles não conheciam até aquele momento?

Pelo que pude apurar pessoalmente, o favorecedor não é um afiliado do clã. Isso significa que, na maioria dos casos, não é um *punciutu* [ou seja, não faz parte da organização criminosa]. Trata-se de um indivíduo que orbita fora da organização e é catalogado como pessoa "reservada", pronta a intervir se comandada ou em caso de necessidade.

As motivações que podem levar uma pessoa a manter em casa um procurado podem ser várias: dinheiro, prestígio (no âmbito da família mafiosa), interesse ou necessidade.

Em geral, nunca é um homem solitário que abriga o foragido; este se insere no âmbito de um núcleo familiar, vivendo como se fosse seu integrante natural.

O favorecedor

Esse método, que é aparentemente arriscado, oferece na verdade maior cobertura, pois é mais fácil falar com os vizinhos da visita de um parente do que alugar uma casa isolada à qual um único quitandeiro leva os suprimentos.

Giuseppe Guastella, por exemplo, morava em um apartamento com a sua companheira e alguns parentes, em um sobrado com vários andares, em uma movimentadíssima rua de Palermo. Provenzano, como todos nós sabemos, preferia se esconder em uma tapera no campo e ter como guarda um pastor acima de qualquer suspeita.

Salvatore Lo Piccolo se escondia junto com o filho Sandro, também procurado, e, com total facilidade, residia em uma mansão perto de um conhecido balneário, onde, periodicamente, era visitado pela mulher e por outros parentes.

Estratégias diferentes, por certo tempo bem-sucedidas, mas sem dúvida ligadas aos recursos disponíveis e ao controle do território.

Guastella, Provenzano e os Lo Piccolo se escondiam em ambientes conhecidos e próximos à sua zona de influência. Vincenzo e Giovanni Brusca, por sua vez, se escondiam na casa de um empresário acima de qualquer suspeita, longe de seu vilarejo, na província de Agrigento.

Apesar das diferenças, há uma constante: o favorecedor, o último elo, não é um criminoso reincidente e não pertence à organização, pelo contrário, é desconhecido para a maioria dos seus membros. Além de sua identidade ser ocultada dos afiliados, ele também é um estranho para a memória dos órgãos investigativos: não está presente nos arquivos, foge aos cruzamentos de dados informatizados e, se for um reincidente, cometeu delitos mínimos e, de qualquer forma, não recentemente.

Preste atenção, porém, que se trata do favorecedor "número zero", ou seja, o último elo da cadeia.

A maior parte das estruturas investigativas que se ocupam de foragidos pode constatar em campo, justamente, uma rede de comparsas que constitui um sistema de elos fechados.[5]

Esse sistema, utilizado apenas por aqueles que dispõem de grandes recursos econômicos, consiste em ter várias pessoas à disposição, cada uma responsável por tarefas específicas. O elo mais próximo ao foragido também é o que tem mais responsabilidades e vantagens, hospeda materialmente o indivíduo em fuga e, portanto, é o que indico com o termo "elo zero".

Para o covil, muitas vezes é usada, se disponível, uma segunda casa que é de propriedade ou está à disposição do favorecedor, possivelmente em lugares de veraneio suficientemente distantes da zona de residência e operação do foragido, onde é fácil se misturar aos outros veranistas sem o medo de ser reconhecido.

Quando o período de veraneio termina e a família volta à residência habitual, o foragido se desloca com os favorecedores ou, mais provavelmente, troca o favorecedor mais próximo, ou seja, o "elo zero".

Além dos motivos oportunistas ligados à camuflagem, o fato de ter o calor de uma família, mesmo não sendo a própria, oferece ao procurado que está afastado dos entes queridos e das próprias coisas a possibilidade de realizar atos de vida cotidiana, como, por exemplo, assistir à televisão ou ouvir música.

O "elo um", em ordem decrescente de importância, é representado pelo motorista do foragido, ou seja, a pessoa que cuida dos seus deslocamentos e o acompanha às reuniões com outros chefes da máfia. O motorista raramente conhece o esconderijo do chefe, pois sempre o pega um lugares neutros, estabelecidos a cada vez, utilizando sempre veículos diferentes e que não estão em seu nome, esquivando-se assim de uma identificação mais fácil. Dessa maneira, o motorista protege o chefão de eventuais ações das forças policiais e, mais importante ainda, de ações violentas de facções adversárias.

O segundo elo é constituído pelos homens de confiança do procurado, ou seja, aqueles que se encontram com o chefão nas reuniões, entregam mensagens e dinheiro e cuidam da vigilância durante os deslocamentos: são aqueles que, em jargão, são chamados de coronéis.

O favorecedor

Após a prisão de Benedetto Spera, Bernardo Provenzano abrira mão dessas reuniões periódicas com os outros chefões porque havia intuído sua periculosidade.

Apesar da experiência negativa do "tio Bino", os Lo Piccolo, por sua vez, nunca se preocuparam com isso, e foi justamente durante uma dessas reuniões que os homens da Polícia de Estado os capturaram.

Por fim, o terceiro e último elo é representado por aqueles que estão deslocados no território — geralmente limitado a um bairro —, controlam as movimentações e têm o dever de detectar a presença de policiais ou integrantes de facções adversárias.

Ao contrário dos elos precedentes, esse último é composto por uma variada população criminosa: traficantes, receptadores, ladrões, simples comparsas como comerciantes e artesãos que, para obter favores do chefão, se tornam seus olhos e ouvidos.

É assim que bairros inteiros se tornam "de propriedade" dos chefões e, para as forças de segurança, é quase impossível penetrar disfarçadamente nesses lugares. De fato, dificilmente um furgão da companhia de energia ou de telefonia escapa do controle desses olhos, que valem mais do que mil câmeras e tornam bastante árduo e perigoso o trabalho do captor.

Pôr uma câmera ou um grampo telefônico se torna, mais do que a intervenção de um técnico, a intervenção de um fantasista, e é assim que são inventados os ninhos de andorinhas colocados sobre as árvores com microcâmeras à bateria ou as escutas em bancos públicos que, a cada noite, são substituídas por falsos operários da prefeitura.

Isso porque, como já foi dito, o foragido se esconde, mas, ao mesmo tempo, para manter intacto o próprio poder, precisa dar ordens e fazer cobranças, devendo, portanto, se comunicar.

No caso da máfia siciliana, permanecem em voga os já famosos *pizzini*, bilhetes escritos à mão que contêm as ordens e as disposições ou, às vezes, simples informações de outro tipo, que o chefe troca com seus acólitos. Por outro lado, no caso de organizações ligadas à Camorra e à 'Ndrangheta calabresas, os afiliados fazem um uso mais destemido da tecnologia, utilizando números de celular cujo usuário não pode ser identificado.

É necessário compreender o alto custo de um sistema informativo e de telecomunicações desse tipo, que só pode ser utilizado se o procurado tem o respaldo de uma organização criminosa sólida, capaz de administrar o tráfico de drogas, obter os proventos das extorsões e dos grandes assaltos, exercer o controle das obras derivadas das licitações públicas e comandar a prostituição e os jogos clandestinos.

Tudo isso não pode acontecer com foragidos que não sejam do alto escalão da criminalidade. O fugitivo geralmente busca o apoio de parentes, amigos ou ex-companheiros de detenção, que, em sua maioria, fazem parte das classes sociais mais baixas e, portanto, não dispõem dos meios e recursos adequados.

Esses indivíduos têm pouca possibilidade de se furtar por muito tempo às buscas. Muitas vezes, são justamente os favorecedores que "vendem" os foragidos porque estão cansados de assumir esse custo suplementar que pesa em suas exíguas finanças e não representa para eles uma fonte de ganho. É o caso de assaltantes ou de pequenos traficantes que devem descontar penas breves e, muitas vezes, nem sequer têm o dinheiro para pagar um bom advogado de defesa. Ou então, outras vezes, são membros de famílias mafiosas que já caíram em desgraça e não dispõem mais da cobertura adequada. Para as forças policiais, esses últimos não representam quase nunca um verdadeiro quebra-cabeça e, se forem efetivamente procurados por uma delegacia ou um departamento dos carabineiros ou da Guarda Fiscal, seu período de fuga muitas vezes se revela bastante reduzido.

Os casos de Michele Catalano e de Ferdinando Gallina — o primeiro, responsável pela família mafiosa dos Lo Piccolo no bairro Zen e o segundo, codiretor, junto com Gaspare Pulizzi, da família mafiosa

Vito Palazzolo, favorecedor dos Lo Piccolo, algemado após a captura dos chefões, em 5 de novembro de 2008.

de Carini, sempre sob o domínio de Totuccio Lo Piccolo e do seu filho Sandro — representam um exemplo típico do que foi dito. Catalano parece que foi denunciado justamente por alguém do bairro que se sentia incomodado pela presença contínua da polícia e dos carabineiros. Gallina, por sua vez, foi pego na casa de um favorecedor que já havia sido identificado durante as investigações para a captura dos chefões.

Por outro lado, é absolutamente complexo e caro penetrar no sistema de elos.

Por isso, existem as divisões Catturandi e os seus escritórios: a bagagem de informações e a experiência em campo desse pessoal, além de um aparato tecnológico e estrutural adequado, se tornam os únicos meios em poder do Estado para enfrentar essas organizações e capturar os chefões foragidos.

Assim também se explica o fato de que, quando trabalhamos para capturar um desses criminosos, sempre acabamos, invariavelmente, atingindo toda a organização: identificar os elos, encontrar as falhas para chegar à meta e seguir a cadeia que leva até o foragido é um dos trabalhos mais complexos e dificultosos, mas, certamente — quando o "alvo" é capturado — é o que apresenta o melhor resultado, tanto em termos de benefícios sociais quanto em termos de satisfação profissional dos investigadores.

Para concluir, eis um exemplo dos elos identificados para a captura dos Lo Piccolo.

Elo três: *Domenico Ciaramitaro; Salvatore Mangione; Andrea Gioè; Calogero Mannino; Michele Catalano; os irmãos Domenico e Nunzio Serio; Andrea Bonaccorso etc., mais os numerosos empresários e comerciantes, todos denunciados à autoridade judiciária por favorecimento.*

Elo dois: *Antonino Nuccio, vulgo "Pizza"; Adamo Andrea; Franco Franzese; Gaspare Pulizzi e outros.*

Elo um: *Vito Palazzolo, de Cinisi; Filippo Piffero, de Giardinello; Pippo Di Bella, de Montelepre.*

O favorecedor

Elo zero: *Família Targia, de Terrasini.*

Os familiares dos procurados, tanto os mais próximos (como pais, cônjuges, filhos, irmãos ou afins) quanto os parentes (como tios, sobrinhos ou primos), não desempenham, por motivos óbvios, um papel direto na administração do foragido. Eles podem, porém, se inserir facilmente no terceiro elo, e não se exclui a possibilidade de que possam se encontrar ocasionalmente com o procurado.

CATTURANDI

NOTAS

[1] Embora, na verdade, alguns altos oficiais dos carabineiros estejam sob investigação exatamente por terem sido acusados de ter favorecido, no passado, o homizio de Provenzano.

[2] As buscas por parte da Polícia Judiciária (que, em geral, é abreviada como PJ) devem ser desempenhadas e repetidas em todos os lugares pertinentes à pessoa que deve ser encontrada: domicílios conhecidos local de trabalho, casas de parentes, amigos, conhecidos etc. Além disso, a polícia deve obter todas as informações que podem levar à localização do indivíduo. Em geral, somente quando todas essas atividades se revelam infrutíferas, a autoridade judiciária declara o paradeiro desconhecido e, então, o homizio da pessoa procurada.

[3] Embora, na verdade, Lo Piccolo não "nasça" corleonense, mas se torne após o assassinato do seu chefão Rosario Riccobono.

[4] Milhares de euros foram encontrados no covil dos Lo Piccolo, embora tenha sido apurado que aquele era apenas um lugar de passagem, e não um esconderijo habitual.

[5] Existe apenas um ponto de união entre um elo e outro. A descoberta desse ponto é o objetivo das forças de segurança. Por meio dele, chegamos ao elo sucessivo para, em seguida, encontrar o "elo zero" e o "alvo", ou seja, o foragido.

Catturandi:
métodos, técnicas e comparações

A Polícia Judiciária

Até agora, falamos de homizio, foragidos, favorecedores e organizações criminosas, mas pouco dissemos daqueles que se preocupam em entregar à justiça indivíduos desse tipo.

Quando acompanhamos um noticiário na TV ou no rádio, ou lemos um artigo policial no jornal, muitas vezes vemos menções à Polícia Judiciária, que, no imaginário comum, é representada por agentes que prestam serviço em trajes civis, ou seja, à paisana.

A Polícia Judiciária está presente quando são cometidos delitos de certo peso, ou seja, que geram um grave alarme social: assaltos, furtos, sequestros, homicídios etc.

Muitas vezes, nas investigações televisivas ou na imprensa escrita, são apresentadas imagens velhas, algumas até em preto e branco, nas quais, ao lado do corpo da vítima, coberto com um lençol branco, vemos policiais e carabineiros uniformizados, cercados por esses "tiras" à paisana. O termo "tira", que usei de propósito, é o que os criminosos usam quando devem distinguir um policial em trajes civis — o que eles mais temem — de um policial uniformizado.

Assim, antes de começar a falar da atividade desses "tiras", e em especial daqueles que fazem parte da Catturandi, é necessário explicar tecnicamente o que é a Polícia Judiciária, quando ela intervém e quais são suas tarefas.

A "segurança pública" é definida como a função administrativa com a qual o Estado visa prevenir e reprimir todos os comportamentos que põem em risco a ordem pública.[1]

Numerosas fontes normativas e o Texto Único das Leis de Segurança Pública, que recebe a abreviatura T.U.L.P.S., visam, de fato, estabelecer uma série de medidas, preventivas e repressivas, que servem para garantir a convivência pacífica entre os cidadãos e o desempenho ordenado das atividades sociais, de modo que seja possível evitar danos, à coletividade e ao indivíduo, derivados de um comportamento arbitrário o qual viole as normas que a coletividade institui para si mesma. A segurança pública, portanto, impõe limites, vínculos e prescrições para o bem dos cidadãos e do Estado. No âmbito da atividade policial que acabo de descrever, distinguimos um ramo que se chama especificamente administrativo, cuja função é executar as medidas administrativas (preventivas e repressivas) necessárias para que os cidadãos desempenhem as próprias atividades sem causar danos à sociedade e respeitando os limites impostos pelas leis (por exemplo, o respeito das normas sobre o trabalho ou relativas às licenças no campo da construção civil, do comércio, da caça etc.)

Esses poderes foram parcialmente transferidos do Estado para órgãos territoriais menores, concedendo, assim, também às Regiões, o poder de legislar nesse campo, e, aos Municípios, a possibilidade de emanar regulamentos *ad hoc*, por exemplo, em setores como a saúde pública, o tráfego rodoviário e ferroviário, a atividade veterinária etc.

Por isso, existem dezenas de ramos da Polícia Administrativa que se distinguem entre si com base no objeto e na autoridade à qual a lei atribui a tarefa de exercer tal tutela. Existem, portanto: a Polícia Sanitária, a Veterinária, a Rodoviária, a Postal, a de Fronteira, a Urbanística, a de Alimentação Pública, a de Segurança etc.

A Polícia de Segurança é o ramo da Polícia Administrativa de competência exclusiva da autoridade de segurança pública (que, para o ordenamento italiano e, em nível nacional, é o ministro do interior), cujo objetivo é proteger a ordem pública (entendida como ordem social), os direitos e a segurança dos cidadãos contra qualquer comportamento ilícito e imprudente. Ela exerce, essencialmente, a função de prevenção e faz parte das tarefas de competência exclusiva do Estado.[2]

A Polícia Administrativa em sentido estrito e a Polícia de Segurança constituem juntas a Polícia Administrativa em sentido mais geral.

A Polícia Judiciária, por sua vez, ao contrário da Polícia Administrativa, age *post delictum*, ou seja, quando a violação penalmente relevante já foi cometida.

A Polícia Judiciária se distingue da Administrativa na medida em que seu objetivo é descobrir os delitos e entregar os responsáveis à justiça; ou seja, seu interesse está circunscrito às normas penais.

Enquanto a autoridade administrativa tem a tarefa de preservar a ordem, a tranquilidade social, a segurança das pessoas, a propriedade e a moralidade contra eventuais comportamentos ilícitos do cidadão, a autoridade judiciária intervém quando a ação antijurídica já ocorreu, para infligir a sanção prevista na lei penal (juiz penal) ou para impor o ressarcimento do dano e a reintegração do interesse lesado (juiz civil).[3]

O Código de Processo Penal estabelece as tarefas da Polícia Judiciária: "Deve, também por iniciativa própria, tomar ciência dos delitos, impedir que outros sejam levados a cabo, buscar seus autores, realizar os atos necessários para assegurar as fontes de prova e colher tudo o que possa servir para a aplicação da lei penal. Desempenha todas as investigações e atividades dispostas ou delegadas pela autoridade judiciária."

Os oficiais e agentes da PJ podem operar dentro de Serviços e Seções.

Os Serviços[4] são instituídos junto às chefaturas de polícia, os comandos da Arma dos Carabineiros e da Guarda Fiscal, e há alguns que são especiais, como o da Direção Central Antidrogas do Ministério do Interior.

As Seções são instituídas junto a cada Procuradoria da República e compostas por oficiais e agentes que dependem exclusivamente dos Ministérios Públicos.

Para entender melhor: não existe uma separação clara entre as forças policiais que se ocupam de controles administrativos e as forças policiais que, por sua vez, se ocupam de investigações de Polícia Judiciária. Um agente da Polícia Rodoviária, por exemplo, no momento em que faz prevenção e autua violações ao Código Rodoviário, age como Polícia Administrativa, mas, se alguém comete uma violação passível de sanção penal, o agente atua na qualidade de PJ e procede à prisão do ladrão de carros.

O mesmo vale, com seus limites de competência espacial e temporal, para o agente de Polícia Municipal, Provincial, Venatória, Regional, Bombeiros etc.

É claro, porém, que no âmbito das diversas corporações policiais existem especialidades e especializações, além de tarefas institucionais específicas.

Assim, por exemplo, as divisões de "radiopatrulha" dos carabineiros, da Guarda Fiscal e de outros departamentos de prevenção ao crime da Polícia de Estado se ocupam de prevenção e repressão de delitos: as viaturas dos carabineiros, da Guarda Fiscal e da polícia intervêm prontamente, por iniciativa própria ou por solicitação dos cidadãos, para prevenir e reprimir cotidianamente os delitos denominados de microcriminalidade ou criminalidade difusa. Os esquadrões investigativos, os departamentos operacionais especiais dos carabineiros e os grupos investigativos da Guarda Fiscal, por sua vez, se ocupam de investigações — por exemplo — sobre organizações criminosas como

A Polícia Judiciária

a Máfia, a Camorra, grupos transnacionais etc. O grupo de Polícia Tributária da Guarda Fiscal, por sua vez, tem como objetivo específico os delitos ligados ao tráfico de dinheiro, lavagem etc., enquanto a Guarda Florestal do Estado se ocupa de problemas ligados à proteção ambiental nacional.

No âmbito das divisões operacionais que acabei de citar, estão instituídos alguns departamentos específicos para a busca de foragidos: as chamadas Divisões Catturandi.

Na Sicília, dentre as divisões mais prestigiosas, citamos algumas, como as de Palermo, Catânia e Trápani, que capturaram personagens perigosos como Brusca, Provenzano, Santapaola, Virga, Lo Piccolo etc. para a Polícia de Estado e o grupo dos ROS (Departamento Operacional Especial dos Carabineiros) do capitão "Ultimo", que prendeu o chefão corleonense Salvatore Riina. Na verdade, é necessário fazer um esclarecimento: institucionalmente, para a Polícia de Estado, são apenas duas as Divisões Catturandi: a de Palermo e a de Nápoles. As outras são departamentos criados dentro das divisões antimáfia dos esquadrões investigativos locais.

As interceptações

As interceptações são o pão cotidiano das investigações. São definidas como um meio de busca de provas e consistem na aquisição de informações trocadas entre pessoas distantes ou presentes (telefônicas ou ambientais) por meio de qualquer forma de telecomunicação. Para poder falar de interceptação, é necessário pressupor o sigilo da comunicação, portanto, se é interceptada uma comunicação em um bar entre dois indivíduos que falam sentados na mesa ao lado, essa conversa não está submetida às prescrições e aos limites impostos pela lei (no entanto, de acordo com a legislação sobre a privacidade, as informações ouvidas por acaso em uma mesa não podem ser divulgadas). Vice-versa, se os dois indivíduos se encontram em torno de uma mesa em uma área reservada, protegidos por paredes sólidas, convencidos da ausência de outras pessoas, e um aparelho de escuta clandestina detecta o que eles estão dizendo, trata-se, indubitavelmente, de uma interceptação (nesse caso, ambiental), que, para ser legal e, portanto, usada em um processo, deve ser autorizada por um decreto da magistratura. Trata-se de um ato extremamente invasivo das liberdades pessoais garantidas pelo artigo 15 da Constituição, portanto, o legislador previu a necessidade de um decreto específico do juiz responsável pelas investigações preliminares que autorize o Ministério Público à sua execução.

Na maior parte dos casos, quando falamos de máfia e busca de foragidos, o decreto de interceptação pode ser emitido com urgência, diretamente pelo Ministério Público, que, todavia, no prazo de 48 horas, deve obter a validação do juiz responsável pelas investigações preliminares.[5]

O Ministério Público delega à Polícia Judiciária a execução material da interceptação, que, geralmente, é realizada em salas especiais dentro das Procuradorias da República ou nos próprios escritórios investigativos.

A autorização para que uma conversa seja interceptada é concedida apenas diante de determinadas condições: a existência de um dos delitos previstos especificamente na lei, a presença de graves indícios ou de indícios suficientes, relativos a delitos ligados ao crime organizado ou ao terrorismo e, por fim, a indispensabilidade da interceptação para o prosseguimento das investigações.

Contudo, se os delitos não estão ligados ao crime organizado ou ao terrorismo, para que as interceptações domésticas ou domiciliares possam ser utilizadas, é necessário que a atividade criminosa esteja sendo desempenhada naquele lugar.

O decreto de interceptação tem uma duração de quinze dias (quarenta no caso de delitos de mafiosos), prorrogáveis por períodos sucessivos de 15 dias (vinte dias para os delitos de mafiosos).[6]

Uma vez concluída, a interceptação deve ser registrada sob forma de auto por um oficial da PJ. O auto e as gravações vão para o processo do Ministério Público e poderão ser utilizados para as contestações; as transcrições integrais são anexadas ao processo de debates orais e constituem prova plena.

Uma transcrição é apenas um auto no qual — além de serem indicados diversos elementos como a data e o lugar em que está sendo

As interceptações

realizado, o nome e o grau do oficial que o está redigindo e as datas relativas à conversa ambiental ou telefônica — estão reproduzidas fielmente as palavras pronunciadas pelos indivíduos que o operador escutou durante a conversa interceptada.

É claro que as interceptações têm um valor probatório muito elevado no momento em que devemos notificar alguém do delito associativo, além de terem também um valor operacional essencial quando ocasionam a percepção de um indício que, uma vez desenvolvido, permite aos investigadores alcançarem sua presa.

Durante as operações que levaram à captura de Carlo Greco, por exemplo, lembro que o telefone de um de seus supostos favorecedores estava sendo interceptado havia dias. Uma câmera enquadrava a entrada do quarto desse comparsa, mas nunca havia aparecido ninguém diferente além dos ocupantes normais do apartamento. Um dia, porém, houve uma reviravolta. Enquanto um dos filhos do favorecedor estava ao telefone com um colega de classe que estava ditando os deveres de casa, apareceu claramente ao fundo a voz de uma mulher que gritou: "Carlo, a mesa!" Naquela família não existia nenhum Carlo, que era o nome do nosso foragido.

Foi o que desencadeou a invasão e, em menos de dez minutos, um perigoso mafioso foragido foi capturado.

A operação policial que permitiu a captura de Giovanni Brusca também deve muito às interceptações telefônicas, graças às quais se conseguiu descobrir a área na região de Agrigento de onde o chefão se comunicava. Circunscrita a zona de casas identificada como a área na qual se situava o provável covil, enviou-se até lá uma motocicleta sem silenciador durante uma das conversas telefônicas e, a partir do barulho de fundo que se ouvia no telefonema, foi possível identificar a casa na qual Brusca e seus familiares estavam se escondendo.

Por sua vez, coube a um "grampo" telefônico o mérito pela prisão clamorosa, em Bagheria, de Pietro Aglieri e outros dois perigosos

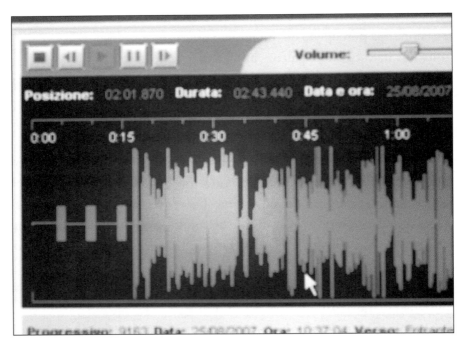

Imagem gráfica dos sons de uma conversa telefônica interceptada.

As interceptações

foragidos. Mantendo sob controle a residência de um favorecedor, foi possível escutar uma conversa na qual se falava de uma travessa de macarrão ao forno que devia ser entregue em algum lugar. Parece incrível, mas foi exatamente seguindo o macarrão que conseguimos chegar até o covil do foragido, capturado durante uma reunião de cúpula com outros dois perigosos mafiosos, também procurados.

Por fim, não podemos esquecer a prisão de Franzese e dos Lo Piccolo. Os comparsas sabiam o perigo que estavam correndo quando levavam consigo seu telefone celular, portanto, o desligavam por precaução. E, para os investigadores da Catturandi, esse se tornou o sinal de alarme.

No momento do desligamento, eram informadas e alertadas as patrulhas, que, pontualmente e de maneira rocambolesca, conseguiram seguir o favorecedor Antonino Nuccio, vulgo "Pizza", dando um passo a mais a cada dia até o fatídico 2 de agosto de 2007, data da batida e da prisão dos comparsas dos Lo Piccolo. Daquela captura, originaram-se as investigações que levaram à invasão de Giardinello e à localização de Salvatore Lo Piccolo e de seu filho.

Nesse contexto, também deve ser feita uma breve menção às interceptações preventivas.

O artigo 226 das normas de aplicação do Código de Processo Penal prevê que o ministro do interior, ou então, sob sua chancela, os responsáveis dos Serviços Centrais e Interprovinciais, bem como várias outras autoridades, podem autorizar interceptações ligadas a questões de terrorismo ou crime organizado, abrindo uma exceção nas disposições previstas em lei por causa da excepcionalidade e da gravidade da situação contingente.

A tecnologia a serviço das forças policiais

Muitos de vocês devem se perguntar como acontece "materialmente" uma interceptação, se é verdade o que a filmografia policial nos mostra e se é realmente tão simples interceptar uma comunicação.

Não é, sobretudo para quem não possui as tecnologias e autorizações adequadas.

Para interceptar uma conversa telefônica de maneira "abusiva", por exemplo, antigamente teria sido necessário entrar nas superprotegidas centrais telefônicas, identificar a linha do seu interesse e conectar um "translador" que permitisse a duplicação da conversa.

Hoje, como só transitamos por vias digitais, a coisa é quase impossível: seria necessário identificar o fluxo no qual é transmitida a chamada e inserir uma linha gêmea para duplicar a conversa e fazer com que ela chegue ao mesmo tempo aos usuários e ao agente que a está interceptando.

As forças policiais dispõem de certo número de linhas chamadas de Res que podem ser alugadas diretamente pela Procuradoria junto às diversas operadoras de telecomunicações (Telecom Italia, Tim, Wind, Vodafone etc.), ou então junto a empresas privadas que, por sua vez, compram ou alugam das operadoras.

A linha telefônica Res liga o número a ser interceptado com a sala de escuta na qual um servidor, ao qual é encaminhado todo o tráfego telefônico, tria e encaminha tudo para os terminais.

Para cada conversa interceptada e escutada, é redigido um auto com o resumo do próprio telefonema, que constituirá o chamado rascunho.

Terminadas as operações de interceptação, o rascunho (geralmente em papel) e os suportes digitais (CD-ROM ou DVD) são confiados à autoridade judiciária que emitiu a ordem.

Atualmente, as linhas de qualquer operadora, tanto de telefonia celular quanto fixa, podem ser interceptadas.

Mais complexa é a interceptação ambiental, sobretudo no que diz respeito ao aspecto operacional. Nesse caso, é necessário que um operador da PJ posicione fisicamente o microdispositivo no local em que deve acontecer a interceptação.

Hoje em dia, os criminosos reincidentes, sobretudo ligados à máfia, conhecem melhor do que os próprios policiais as técnicas utilizadas. Assim, durante as buscas, os familiares do procurado mantêm os olhos bem abertos, procurando nunca deixar sem vigilância os cômodos da casa a fim de evitar a colocação de aparelhos de escuta clandestina. E, de qualquer maneira, uma vez fechada a porta de casa atrás do último policial ou carabineiro, sempre tem início uma inspeção geral.

O dispositivo emite através do ar um sinal de áudio que é captado por um receptor, que o transfere, decodificado, para a aparelhagem de escuta e gravação posicionada na sala.

Portanto, o criminoso, utilizando alguns aparelhos atualmente fáceis de encontrar no mercado, pode verificar se, na sua casa, existem fontes que emitem esses sinais e, se os identificar, pode destruí-los ou usá-los "contra" os investigadores.

Todavia, existem também microdispositivos analógicos e digitais: esses últimos são absolutamente impossíveis de detectar, pois são

Mod. 266

REPUBBLICA ITALIANA
MINISTERO DELL'INTERNO - CASELLARIO CENTRALE D'IDENTITÀ
SCHEDA DECADATTILOSCOPICA

RIFERIMENTO ARCHIVIO

Sesso [M] [F]

Luogo

Nazione

C   [SI] [NO]   Del

...el Segnalamento

...del Segnalamento

...a del Segnalato

...icio Segnalatore

CODICE TRANSAZIONE AFIS

...E GENERALITÀ RIPORTATE RISULTANO SICURAMENTE ESATTE?   [SI] [NO]   C. S.

IMPRONTE PER ROTAZIONE - ROLLED IMPRESSIONS

1. Pollice destro 1. Right thumb	2. Indice destro 2. Right forefinger	3. Medio destro 3. Right middle finger	4. Anulare destro 4. Right ring finger	5. Mignolo destro 5. Right little finger
1. Pollice sinistro 1. Left thumb	2. Indice sinistro 2. Left forefinger	3. Medio sinistro 3. Left middle finger	4. Anulare sinistro 4. Left ring finger	5. Mignolo sinistro 5. Left little finger

IMPRONTE PER SOVRAPPOSIZIONE - PLAIN IMPRESSIONS

Coleta das impressões digitais.

CATTURANDI

invisíveis aos rastreadores comuns. Obviamente, o custo desses aparelhos é bem maior.

Por fim, existem outros tipos de detecção de dados, equiparados às interceptações telefônicas ou ambientais, que exigem uma autorização da magistratura, como listas de telefonemas, rastreamento das comunicações via internet e telefônicas, instalação de sistemas de posicionamento via satélite (GPS) etc.

As buscas

Como já foi dito, a Polícia Judiciária, no momento em que deve instalar um microdispositivo, aproveita, na maioria dos casos, a oportunidade da busca. Além disso, por vezes, a extemporaneidade do ato surpreende e bloqueia o procurado que, sem vias de fuga, não pode fazer nada além de se render às forças de segurança.

Segundo o procedimento penal, as buscas, assim como as interceptações, são meios de procura de provas e consistem na identificação de coisas ou rastros pertinentes ao delito, ou seja, pessoas a serem enquadradas *in vinculis* (isto é, a serem presas) ou detidas (em caso de fuga).

As buscas (artigo 352 do Código de Processo Penal) podem ser classificadas como:

1. pessoais, se são realizadas em uma pessoa para procurar rastros ou coisas pertinentes ao delito;
2. locais, se são realizadas em lugares específicos para procurar coisas, rastros do delito ou pessoas. Um tipo especial de busca domiciliar é aquele que já discutimos anteriormente, realizada em edifícios ou grupos de edifícios inteiros à procura de armas, munições, explosivos, foragidos, fugitivos ou procurados por um dos delitos indicados no artigo 51, parágrafo 3 bis, C.P.P., e ainda delitos

ligados ao crime organizado, ao tráfico de pessoas, sequestro com finalidade extorsiva e terrorismo;
3. domiciliares, se o local consiste em uma moradia privada. Nesse caso, devem ser cumpridas certas normas específicas, salvo disposição legal em contrário. Por exemplo, respeitar determinados horários.

Posto que a busca é um ato extremamente invasivo em relação à liberdade pessoal, é a autoridade judiciária que, por meio de decreto, delega sua execução material à Polícia Judiciária.

Em caso de flagrante delito ou de execução de uma medida cautelar para a busca de um foragido ou fugitivo, a PJ age por iniciativa própria. Normas suplementares identificaram, ao longo dos anos, outros casos nos quais a PJ, por iniciativa própria, pode proceder à busca.[7] Nessas circunstâncias, os autos de busca devem ser enviados, em até 48 horas, ao Ministério Público, que, mais uma vez em até 48 horas, deverá validá-lo.

Na verdade, durante a minha experiência na caça a foragidos, foi muito raro, após uma busca repentina, que tenhamos chegado a prender alguém. No entanto, também é verdade que não é incomum encontrar elementos muito úteis para o prosseguimento da investigação. Um caso concreto são as agendas telefônicas encontradas no covil dos irmãos Garofalo, que levaram os agentes do Esquadrão Investigativo de Palermo a identificar o número de celular utilizado pelo superforagido Giovanni Brusca.

Portanto, a busca ajuda, se não a capturar o fujão, pelo menos a entender determinadas dinâmicas que, em outras circunstâncias, permaneceriam desconhecidas. Por exemplo, uma foto recente do foragido permite atualizar o arquivo, além de ser uma prova tangível da sua permanência no lugar onde ocorreu a busca e da relação com o familiar ou comparsa.

As buscas

Resumindo, embora às vezes seja previsível, a busca é, ainda assim, um instrumento muito útil para as forças policiais.

O ato correlato e sucessivo à busca é a apreensão.

Exemplo de auto de apreensão após uma busca pessoal/local.

CHEFATURA DE POLÍCIA DE PALERMO

ESQUADRÃO INVESTIGATIVO

Divisão Catturandi

OBJETO: Auto de apreensão após busca pessoal/local realizada em face de

_____

No ano de _____, no dia _____, do mês de _____, às _____ horas, no Departamento indicado no cabeçalho, os infra-assinados oficiais e agentes da PJ _____, todos em exercício junto a este Esquadrão Investigativo, informam que, após o sucesso da busca pessoal/local em face de _____, mais especificamente identificado no objeto, procedeu-se à apreensão das seguintes *coisas*:

1. 3 (três) invólucros de papel enrolados em fita adesiva transparente (chamados *pizzini*), cada um constituído por uma página quadriculada manuscrita em ambos os lados;

2. 800 euros em 16 cédulas da denominação de 50 euros;

3. 1 (uma) carteira de habilitação para dirigir categorias A e B emitida pelo Departamento de Motorização Civil e Transportes em Concessão de Palermo, de titularidade de _____, nascido em Palermo _____ e ali residente em _____, com a fotografia do indivíduo mencionado no objeto;

4. 1 (um) revólver modelo Ruger, cal. 357 Magnum, com matrícula raspada, em aço com empunhadura em madeira, acompanhado de munição constituída por 5 projéteis do mesmo calibre;

---

5. 1 (um) aparelho eletrônico tipo CX-200 presumivelmente usado para perturbar as frequências de rádio e telefonia celular;

6. 1 (um) kit para a limpeza das armas, composto de três escovilhões e um prolongamento colocados dentro de uma caixa de plástico azul-marinho além de um spray com óleo para armas.

Às _____ horas, foi notificado da presente apreensão o defensor, advogado _____, do foro de Palermo, com escritório nesta cidade, em _____, telefone _____.

Os objetos apreendidos em papel são transmitidos à Autoridade Judiciária procedente, o revólver é confiado ao Gabinete Regional de Polícia Científica para os levantamentos necessários e o material restante fica guardado nos Escritórios do Esquadrão Investigativo, sempre à disposição da Autoridade Judiciária.

Para constar, o presente auto é redigido em três vias, das quais uma é entregue ao sr. _____, uma é transmitida à Autoridade Judiciária e a outra é arquivada nos registros deste ofício.

Lido, confirmado e subscrito _____.

As atividades de vigilância na busca de um foragido

Denominamos atividades de vigilância todas as ações desempenhadas por agentes e oficiais da Polícia Judiciária as quais têm por objetivo registrar e analisar o comportamento de um ou mais indivíduos que, direta ou indiretamente, favorecem o homizio do procurado ou "alvo".

Podemos distinguir dois tipos de atividades. Em primeiro lugar, aquelas desempenhadas com o auxílio de instrumentações tecnológicas, como câmeras fixas, móveis, de borneio ou panorâmicas, com sistemas de vigilância por vídeo ou de posicionamento via satélite (GPS), e também a utilização de aparelhagens para a interceptação de comunicações orais e via Internet etc.

Há também as atividades de reconhecimento, com o pessoal que opera no território à espreita e pronto a intervir com perseguições e posicionamento de agentes nas ruas.

As duas modalidades de vigilância são complementares, no sentido de que o uso de uma, na maioria das vezes, é completado pelo uso da outra.

A escolha de uma ou de outra atividade, quando ambas não são desempenhadas paralelamente, depende sobretudo de questões de caráter operacional. Existem, por exemplo, áreas em que é impossível fazer perseguições ou tocaias, porque tais atividades seriam altamente arriscadas para a finalidade do serviço ou para a incolumidade do pessoal operacional. Então, nesses casos, é preferível optar pelo uso de modalidades de vigilância a distância, com câmeras, escutas clandestinas ou sistemas GPS.

Outras vezes, esses instrumentos não podem ser utilizados porque, por exemplo, podemos estar em uma casa de fazenda na qual não há postes de iluminação e, portanto, não é possível penetrar para instalar dispositivos de escuta. Nesses casos, a atividade de vigilância é mais complexa e arriscada, e deve ser realizada com pessoal presente no território, possivelmente homens vestidos como caçadores ou camponeses que, com discrição, controlam as vias de acesso da casa rural e anotam as placas dos carros que transitam por ali.

Os disfarces ou as tocaias parecem cenas de romance ou de filme, mas, pelo que sei, durante a procura do foragido Vito Vitale, por exemplo, alguns homens da Catturandi de Palermo, junto com um grupo de agentes da delegacia da Polícia de Estado de Partinico, com sacos de dormir emprestados pelo exército, passaram noites inteiras gravando encontros e compromissos de afiliados do clã daquele mafioso que, para garantir sua segurança, se encontravam nas primeiras horas da manhã em um ovil em ruínas nos campos do município de San Cipirello, na província de Palermo. Essa atividade, que se estendeu por várias noites, permitiu a identificação de inúmeros personagens que pertenciam à família mafiosa, dentre os quais alguns comparsas acima de qualquer suspeita que, em seguida, possibilitaram a descoberta e a captura do foragido Vitale.

Quando o território permite, são utilizados sistemas combinados, que dão os melhores resultados.

Uma vez que o suspeito saia de casa, o operador da câmera alerta as patrulhas no território, as quais já se posicionaram para fechar as diversas vias que podem ser percorridas e, de acordo com o tipo de veículo utilizado para o deslocamento, os policiais se organizam para a perseguição.

Se o indivíduo sai a pé ou usa transporte público, os integrantes do esquadrão comunicam a direção à sala de operações, que providenciará

As atividades de vigilância na busca de um foragido

o posicionamento de agentes naquela região. Isso significa que, em cada cruzamento que o suspeito poderá passar, haverá alguém que comunicará sua direção.

Se o suspeito usa o próprio veículo, seja uma motocicleta ou um automóvel, a perseguição acontecerá com motocicletas ou automóveis de patrulha com um ou dois operadores a bordo. Os automóveis e motos se deslocarão de maneira absolutamente coordenada, revezando-se durante a perseguição e, às vezes, até se antecipando ao veículo do suspeito.

Como já foi dito, nem sempre é possível realizar uma perseguição. Em uma grande cidade, não há grandes dificuldades, mas a situação se complica quando trabalhamos no âmbito de pequenas comunidades ou estradas fora de zonas urbanas. Por isso, quando possível, a PJ recorre ao auxílio de sistemas de posicionamento via satélite,[8] que permitem seguir o personagem a uma distância considerável, eliminando o risco de descoberta.

A dificuldade no uso dessas aparelhagens está em seu posicionamento dentro do veículo da pessoa vigiada. Na maior parte dos casos, procura-se agir com segurança, portanto, espera-se que o usuário do veículo o estacione para agir durante a noite e montar o aparelho de GPS no carro do suspeito.

Isso, porém, nem sempre é possível e vários imprevistos podem surgir: oficinas, estacionamentos vigiados, vizinhos com insônia etc.

Existem alguns critérios para se obter um bom funcionamento do dispositivo de vigilância: durante a vigilância móvel, não se deve correr riscos excessivos para ficar "grudado" no suspeito (vide perseguições); o pessoal operacional deve anotar cada movimento do suspeito ou de pessoas ligadas à atividade da PJ (com relatórios de serviço e compilação de rascunhos); em caso de atividade em áreas de alta densidade criminosa ou de atividades noturnas, os operadores devem se manter muito vigilantes; em caso de parada, os veículos devem ser posicionados de maneira a estar prontos para uma intervenção tempestiva; cada patrulha deve estar dotada do dispositivo de emergência adequado, ou seja, sinalizadores, sirene e luzes de alerta; os operadores devem manter contato constantemente com a sala de operações, avisando-a de cada atividade no território.

A ligação com a sala de operações é um elemento essencial e, algumas vezes, uma deficiência desse tipo pode comprometer todo um serviço. Se, durante uma perseguição, uma patrulha não consegue avisar os outros colegas da mudança repentina de direção do indivíduo perseguido, talvez eles não cheguem a tempo e o suspeito fuja dos perseguidores, bloqueando, pelo menos naquele dia, um serviço que empregou recursos e meios consideráveis.

A comunicação entre as patrulhas e a sala de operações normalmente acontece por meio de dispositivos portáteis de rádio que funcionam em frequências especiais. Quando falta cobertura, são utilizados telefones celulares de serviço ou, às vezes, até mesmo pessoais. É possível prever muitas coisas, planejar e organizar tudo com a máxima precisão, mas, na rua, são os operadores que fazem a diferença e a improvisação faz parte do trabalho.

Lembro-me, por exemplo, em 1995, da perseguição de um mafioso que havia organizado um jantar com outros afiliados em um novo restaurante da província de Palermo.

Eu e um colega tínhamos a tarefa de anotar os números das placas dos carros parados no estacionamento do restaurante. Porém, como estávamos a pé, certamente levantaríamos suspeitas se fôssemos surpreendidos girando por ali com papel e lápis. Assim, tendo à disposição celulares com secretária eletrônica, começamos a ligar para nossos respectivos números que, estando ocupados, transferiam as ligações para a secretária eletrônica. Em poucos minutos, fingindo que estávamos conversando ao telefone, conseguimos anotar as placas de mais de 25 automóveis.

Hoje, com a nova tecnologia, é fácil, porém, há mais de uma década, o uso de telefones celulares não era tão frequente.

Outras atividades da Polícia Judiciária

As buscas, apreensões, perseguições e interceptações telefônicas e ambientais fazem parte das atividades que a Polícia Judiciária realiza para auxiliar o Ministério Público no exercício da ação penal. Portanto, não têm como finalidade específica a captura dos foragidos, mas são as mais utilizadas nessa atividade. Essas ações são averbadas ou registradas (auto de busca, de apreensão, averbação de serviço etc.) e têm valor potencial de prova na fase de julgamentos.

Além das atividades examinadas até o momento, é necessário lembrar algumas outras: a identificação do indivíduo e das outras pessoas em face dos quais estão sendo realizadas as investigações; a obtenção das informações sumárias dadas pela pessoa em face da qual são realizadas as investigações e outras informações sumárias; a obtenção das encomendas e da correspondência; a realização de averiguações urgentes sobre lugares, coisas e pessoas quando existe o perigo de manipulação fraudulenta das provas; a obtenção e apreensão do corpo de delito e dos objetos a ele pertinentes; a prisão e a detenção pela Polícia Judiciária.

As possibilidades que o ordenamento jurídico fornece à PJ de pôr em autos as informações fornecidas pelos indivíduos não investigados permitem a obtenção de pontos de partida investigativos também na busca de foragidos.

A interceptação da correspondência, por outro lado, é um ato muito invasivo da liberdade pessoal e requer uma intervenção específica da autoridade judiciária. A polícia pode interceptar e apreender o material, mas só pode abri-lo por ordem do Ministério Público. E, como demonstra Provenzano, não são tão raros os casos em que um procurado se comunica com os próprios acólitos por meio do envio de *pizzini*, cartas ou pacotes.

Outra coisa são as interceptações de cartas que chegam aos presos, correspondência que é submetida ao controle de oficiais da Polícia Judiciária, os quais, em alguns casos, interpretaram importantes mensagens ocultas contidas nas cartas e as comunicaram imediatamente à autoridade judiciária.

O mandado de prisão europeu

Para concluir este rápido exame das atividades da Polícia Judiciária, merece uma breve menção o mandado de prisão europeu, que entrou em vigor em 1º de janeiro de 2004.

Trata-se de um instrumento à disposição das magistraturas dos países da União Europeia, que podem agir no território comunitário sem o filtro da extradição e, portanto, com mais tempestividade, de modo a criar um "espaço jurídico comum".

Consiste em uma decisão judiciária emitida por um Estado-membro em vista da prisão e da entrega de um indivíduo procurado por outro Estado-membro, tendo por objetivo o exercício de uma ação penal ou então a execução de uma pena ou de uma medida que diz respeito à privação da liberdade.

Com base no mandado de prisão europeu, alguns dos delitos que motivam a entrega de um criminoso são: afiliação a uma organização criminosa; terrorismo; tráfico de seres humanos; exploração e pornografia envolvendo menores; tráfico de entorpecentes; tráfico ilícito de armas e/ou de material explosivo; falsificação de moeda corrente; racismo e xenofobia; lavagem de proventos ilícitos; fraudes; crime informático; sequestro; assalto à mão armada e furtos organizados; tráfico de órgãos; homicídio voluntário; sequestro e sabotagem de meios de transporte; crimes de competência do Tribunal Penal Internacional, como genocídio, limpeza étnica etc.

Com o mandado de prisão europeu, a busca dos foragidos se torna menos complexa do ponto de vista jurídico e burocrático.

F.B.I.: metodologias diferentes para realidades diferentes[9]

O Federal Bureau of Investigation, indicado mais simplesmente com o acrônimo F.B.I., tornou-se de conhecimento comum graças também aos numerosos filmes que têm como protagonistas seus agentes. É o órgão investigativo federal norte-americano que tem competência em matéria de alguns determinados tipos de delitos mais graves, como os que dizem respeito a terrorismo, homicídios que causam alto alarme social, delitos de matriz política e de ataque às instituições, além de crimes como assaltos, fraudes e homicídios que — por causa do lugar onde são consumados, os participantes ou o dano causado — envolvem a competência das várias polícias estaduais presentes no território.

O órgão federal intervém para sanar eventuais problemas de competência supranacional, arrogando-se as investigações de um determinado fato criminoso ou limitando-se ao papel de coordenação entre as várias polícias interessadas. Portanto, é evidente que, no caso da busca de um foragido, justamente em razão da possibilidade que existe nos Estados Unidos de deslocamento livre de um estado para outro, a competência específica é do F.B.I.

Esse órgão jurídico tem escritórios nas principais cidades dos Estados Unidos, subordinados a um corpo central que se encontra em

Quantico, na Virgínia, onde também se localiza a escola de aperfeiçoamento para o pessoal operacional. Cada escritório periférico tem uma lista de foragidos a serem procurados, indicados em uma lista chamada *Most Wanted*.

Fazer parte dessa lista significa ser procurado em todo o território americano, aproximadamente do tamanho de todo o continente europeu, e, no caso de terrorismo internacional ou de matriz islâmica, também fora daquele território.

A verba para fazer com que esse imponente aparato funcione é enorme e, muitas vezes, especialmente nesse tipo de atividade policial, parte do dinheiro disponível é utilizado para pagar as fontes a fim de obter informações úteis à busca de procurados.

A abordagem na investigação, em relação ao trabalho realizado por nossos órgãos policiais, é muito diferente por razões sociais e ambientais óbvias.

Nos Estados Unidos, a sociedade é muito aberta e do tipo calvinista do norte da Europa, na qual prevalece a ideia do indivíduo que emerge da sociedade com base nas suas próprias forças, muitas vezes deslocando-se do seu lugar de origem sem mais voltar para lá, desvinculado de fortes ligações de parentesco e tendo à disposição um território no qual tudo tem dimensões continentais. Uma sociedade, portanto, muito diferente daquela em que estamos acostumados a viver e que torna o território e o conhecimento pessoal entre os indivíduos um pilar sobre o qual se basear.

Sob essa ótica, parece natural, portanto, que, no imediatismo de um crime de relevância nacional cujo culpado já foi identificado, mas ainda não foi entregue à justiça, a sociedade americana — que é muito influenciada pelo uso maciço da mídia — seja colocada a par de tudo com coletivas de imprensa oportunamente organizadas e imagens fotográficas do procurado a fim de que qualquer pessoa que possa ter informações as comunique imediatamente aos investigadores.

F.B.I.: metodologias diferentes para realidades diferentes

E não é de surpreender que esse método de busca inicial dê bons resultados. Posto sob tensão contínua, o fugitivo poderá cometer erros ou manter comportamentos que levantem a suspeita de qualquer cidadão que, em geral, colabora muito com as autoridades.

Tudo isso surtiria o efeito contrário caso se tornasse uma prática comum no nosso país, onde os cidadãos têm o costume de não se intrometer em assuntos que não fazem parte da esfera pessoal do indivíduo. No nosso caso, portanto, a difusão de notícias sobre o procurado neutralizaria a vantagem de obter algumas informações úteis para as investigações. Pelo contrário, uma prática desse tipo revelaria as "cartas" nas mãos dos investigadores, proporcionando, assim, uma vantagem gratuita ao procurado.

Uma outra diferença substancial entre os ordenamentos legislativos dos dois países são as recompensas.

As recompensas consistem em uma soma de dinheiro estabelecida *a priori* pelo departamento federal ou pelas polícias locais e estão previstas na lei de muitos estados americanos. Essas somas são garantidas a qualquer cidadão que forneça notícias úteis para a captura de um procurado e, no caso de fugitivos de prisões estatais ou criminosos que se furtam às obrigações que restringem a liberdade pessoal, é possível até mesmo que as recompensas sejam embolsadas por agências particulares, de acordo com o modelo das agências de investigações comuns, que têm autorização para procurar e entregar às autoridades aqueles indivíduos.

Essa prática — que certamente não é vista como o ponto mais alto do direito como nós estamos acostumados a considerá-lo e percebê-lo — é uma herança de um costume dos estados de fronteira do oeste americano, o chamado faroeste, e remonta aos tempos em que, naquele imenso território, não havia a presença capilar de órgãos jurisdicionalmente aptos a fazer respeitar a lei; uma prática que, mesmo atenuando sua brutalidade e modernizando-se com o sentimento comum da sociedade contemporânea, se estendeu até os nossos dias. A partir de 2001, após a queda das Torres Gêmeas, a regra da recompensa se tornou uma filosofia de vida para os americanos.

As investigações, os inquéritos e até mesmo os processos terminam em segundo plano quando o assunto é terrorismo internacional e islâmico: basta a convicção da administração americana para fazer com que, ante organizações, associações ou indivíduos, seja possível instituir uma recompensa, inserindo-os em uma lista especial.

A mais conhecida é justamente a "lista negra", redigida no dia após o 11 de Setembro: noventa páginas cheias de nomes e siglas, suscetíveis a atualizações constantes. Também nesse caso, sem ter como fundamento investigações e processos, mas convicções muitas vezes baseadas na delação e na recompensa prometida. E a lista é atualizada também com base em conveniências políticas e estratégicas: não é um mistério para ninguém o fato de alguns elementos do E.T.A. terem sido inseridos na lista como recompensa ao governo Aznar pela sua participação na "coalizão dos diligentes".

Na primeira fase das grandes ações após o 11 de Setembro, o ataque ao Afeganistão, que abrigava o procurado número um, Osama Bin Laden, a estratégia da recompensa foi oficialmente exportada dos Estados Unidos. Assim, no Afeganistão, criaram-se, muitas vezes em colaboração com os órgãos da inteligência americana, verdadeiras empresas de caçadores de cabeças constituídas por indivíduos locais ou mercenários estrangeiros.

A recompensa de 25 milhões de dólares oferecida em troca de Osama Bin Laden atraiu hordas de *bounty hunters*, caçadores de recompensas, muitas vezes ex-militares que, depois de terem combatido sob as ordens de um exército, agiam por conta própria.

No Afeganistão, o mais famoso deles foi Jonathan Keith Idema, mais conhecido como "Jack", ex-membro dos boinas-verdes.

F.B.I.: metodologias diferentes para realidades diferentes

No caso de Saddam Hussein e do Iraque, nos primeiros dias de julho de 2003, o governo Bush anunciou a decisão de tornar mais conspícua a recompensa oferecida em troca do ditador, e também de seus filhos, aumentando-a para 15 milhões de dólares.

Em dezembro do mesmo ano, quando o ditador foi capturado, a recompensa foi reivindicada pelos curdos. Suas esperanças de ver os cofres se enchendo de dólares, porém, não se realizaram: em vez de dinheiro, foram feitas promessas políticas, provavelmente em virtude da incerteza sobre a fonte que efetivamente assinalou a localização do *rais*, com o provável envolvimento iraniano.

A prática adotada no caso de Saddam Hussein também vale para os integrantes de seu governo. Os valores variam de acordo com os indivíduos, mas sempre há uma recompensa.

Muitas vezes, não estão disponíveis sequer fotografias das pessoas procuradas e os elementos de identificação são escassos. Portanto, frequentemente, quem promete uma recompensa não sabe muito bem quem está procurando. No entanto, para entender como uma recompensa, ainda que modesta, pode ser atraente — 2.500 dólares, para citar uma cifra —, basta pensar que, no Iraque, por exemplo, um salário médio não chega nem a 10% dessa recompensa e o desemprego é quase total.

Em fevereiro de 2005, o governo Bush pretendia aumentar a recompensa em troca de Al Zarqawi para 50 milhões de dólares, pois a de 25 milhões não havia produzido resultados tangíveis. Partiu, então, de um jornal americano conservador a crítica a essa forma de justiça: o *Times* escreveu que, com esse sistema, os iraquianos nunca seriam adestrados à legalidade, mas apenas à procura de dinheiro fácil e abundante, dinheiro que deveria ser gasto com escolas e educação.

Obviamente, esses métodos de "investigação" são utilizados pela administração americana fora do próprio território, pois parece evidente que, até mesmo para aquela sociedade — nesse aspecto, muito diferente da nossa —, o uso de certos métodos em relação a cidadãos americanos não seria aceito em silêncio.

CATTURANDI

Além das recompensas, o F.B.I. também adota, para a busca de foragidos, técnicas de investigação mais ortodoxas, como perseguições aos parentes do procurado, tocaias nos lugares frequentados e técnicas de vigilância, ao passo que é fortemente limitado o uso da interceptações a comunicações telefônicas e ambientais, as quais, nos Estados Unidos, devem ser autorizadas paulatinamente pela magistratura, embora com algumas diferenças substanciais em relação ao ordenamento jurídico italiano.

Certa cinematografia mitificou a figura do investigador americano, capaz de resolver os casos mais intricados e de realizar as buscas mais difíceis apenas com o auxílio da própria intuição. Obviamente, a realidade está muito distante da representação cinematográfica, na qual, por exigências ficcionais, a ação prevalece sobre a análise e o estudo. Basta recordar que mais de 95% dos agentes das forças policiais — segundo uma estatística recente realizada em escala mundial com forças policiais nos países ocidentais, como os da área europeia, E.U.A. e Canadá — nunca tiveram de travar conflitos de fogo com expoentes da criminalidade. Na verdade, portanto, o trabalho de busca de um foragido é realizado, geralmente, por meio do estudo comportamental dos indivíduos que podem levar ao alvo e também de tentativas de identificar eventuais métodos de comunicação entre eles.

No passado, expoentes do F.B.I. colaboraram com a Divisão Catturandi de Palermo no âmbito das investigações que visavam capturar importantes foragidos mafiosos como Giovanni Brusca e Bernardo Provenzano, mas a sensação deste autor e dos seus colegas e superiores é de que aqueles agentes convidados a ir à Sicília em programas de cooperação não levaram inovações em termos de técnicas investigativas. Pelo contrário, os policiais americanos ficaram fascinados com a abnegação e o profissionalismo praticados na Itália, utilizando-os como pontos de partida para importar algumas técnicas a serem utilizadas no combate ao fenômeno mafioso que acomete algumas comunidades de ítalo-americanos presentes nos Estados Unidos.

F.B.I.: metodologias diferentes para realidades diferentes

Os colegas do F.B.I. tiveram uma boa impressão do uso das interceptações ambientais e telefônicas, da possibilidade de utilização que o nosso ordenamento possibilita — comparando-o positivamente ao próprio sistema mais restritivo — e das aparelhagens absolutamente de vanguarda magistralmente utilizadas pelo pessoal operacional. Sob essa ótica, é esclarecedor reproduzir a tradução de alguns trechos de uma carta enviada, em 15 de outubro de 1996, pelo Departamento de Justiça dos Estados Unidos, Escritório de Investigações Federais — na pessoa do diretor Luis J. Freeh — ao então chefe da polícia italiana, Fernando Masone, congratulado pelo diretor do F.B.I. em razão da captura do perigosíssimo mafioso foragido Carlo Greco, realizada pela Divisão Catturandi do Esquadrão Investigativo de Palermo em julho daquele ano.

Ilustre dr. Fernando Masone,

Soubemos da boa-nova e compartilhamos da sua alegria pela recente captura do foragido da Cosa Nostra siciliana Carlo Greco. Congratulamos sinceramente o Esquadrão Investigativo de Palermo pelo excelente trabalho desempenhado nesse passo suplementar rumo à derrota definitiva do crime organizado, presente na Itália e em nível internacional. É nosso manifesto desejo que todos os integrantes do crime organizado, em especial aqueles que participaram dos cruéis delitos contra os juízes Giovanni Falcone e Paolo Borsellino, sejam prontamente entregues à justiça. Como sempre, colaboraremos com o senhor utilizando todos os meios à nossa disposição para auxiliar esse louvável empenho.

Mais uma vez, apresentamos nossas mais sinceras felicitações.

Washington D.C. 20525, 26 de agosto de 1996.

Luis J. Freeh

A cooperação judiciária e policial entre os Estados Unidos e a Itália remonta à década de 1980, com a assinatura em Roma, em 9 de novembro de 1982, do Tratado de Assistência Mútua em Matéria Penal e do Tratado de Extradição, firmado em Roma em 13 de outubro de 1983.

Mais recentemente, em 25 de maio de 2005, foi firmado o acordo para o intercâmbio de investigadores, a fim de que participem de atividades conjuntas entre a Direção Central Anticrime e o Federal Bureau of Investigation.

Essa colaboração deu frutos: dentre os mais recentes, as prisões na Itália e nos Estados Unidos dos herdeiros dos Gambino e dos Inzerillo com a operação denominada Old Bridge.[10]

Na Itália a Polícia de Estado criou, em 2004, uma Direção Central Anticrime, indicada pela abreviatura D.A.C., que, de algum modo, recalca a organização do F.B.I.

Esse novo departamento tem sede em Roma, em uma estrutura moderna, concebida com os critérios arquitetônicos mais avançados, reunindo as divisões mais importantes da polícia: a Direção Central de Imigração e da Polícia de Fronteira, o Departamento Antiterrorismo (Ucigos), a Direção Central da Polícia Rodoviária, Ferroviária, das Comunicações e das Seções Especiais.

Para a polícia, tratou-se de um passo organizacional fundamental. Pela primeira vez, na verdade, os serviços mais importantes estão concentrados em um só lugar: a Direção Anticrime. A estrutura reúne o melhor da investigação italiana, ou seja, três serviços que operam no território há vários anos: o Serviço Central Operacional, que constitui o grupo de inteligência central da polícia italiana; o Serviço de Polícia Científica, ativo há mais de cem anos, reconhecido por seu profissionalismo; o Serviço de Controle do Território, menos conhecido, mas que se ocupa de todos os aspectos da prevenção de crimes e dispõe de departamentos e seções em todo o território nacional (1.200 homens altamente qualificados para realizar atividades de controle do território, rastreamentos e tudo o que possa dar apoio aos órgãos investigativos no momento das operações).

Notas

[1] Com ordem pública, queremos indicar, dentre os seus diversos e amplos significados, o desenvolvimento social ordenado respeitando os princípios sancionados pela Constituição, sem perturbações que ameacem sua realização.

[2] E, com certos limites, também das Regiões com estatuto especial.

[3] Para mais aprofundamentos: DI FRANCO, Vito. *Diritto di polizia e politiche di sicurezza.* Nápoles: Simone, 2003. CALESINI, Giovanni. *Leggi di pubblica sicurezza ed illeciti amministrativi.* Roma: Laurus Robuffo, 1993.

[4] Até hoje, os Serviços da Polícia Judiciária previstos na lei nunca foram instituídos. Assim, essas funções são desempenhadas pelos Esquadrões Investigativos, departamentos operacionais dos carabineiros e da Guarda Fiscal. O pessoal desses departamentos desempenha atividades de PJ, mas não depende exclusivamente do magistrado e pode ser afastado e utilizado em outros serviços.

[5] O artigo 295, C.P.P., parágrafo 3, determina que, a fim de facilitar a busca e a captura de um foragido, o juiz ou o Ministério Público podem ordenar a interceptação.

[6] Está sendo discutida no Parlamento uma proposta de lei que, se aprovada, modificará sensivelmente as normas relativas às interceptações.

[7] Vide, por exemplo, o artigo 4 da Lei 152/1975; busca no local durante operação policial.

[8] Mas deve ser pedida autorização à autoridade judiciária, como no caso das interceptações telefônicas.

[9] Esta seção utilizou, em parte, informações da tese de graduação intitulada "Le attività della Polizia Giudiziaria finalizzate alla ricerca e alla cattura dei latitanti" ["As atividades da Polícia Judiciária que visam à busca e à captura de foragidos"], brilhantemente escrita por uma colega da Catturandi, cujos nome, faculdade e ano de graduação omito por motivos óbvios.

[10] A operação desarticulou o eixo da máfia entre Sicília e Estados Unidos. Para noventa pessoas, foram determinadas medidas restritivas por parte dos magistrados da procuradoria distrital de Nova York e da Direção Distrital Antimáfia de Palermo. Na investigação Old Bridge, estavam envolvidos expoentes das famílias mafiosas de Palermo, nomes já conhecidos por causa das investigações sobre tráficos internacionais de entorpecentes entre a Itália e os Estados Unidos, que teriam restabelecido relações no território americano, especialmente com homens da família mafiosa americana dos Inzerillo-Gambino.

A transferência de informações dentro da Cosa Nostra

A comunicação na gestão do poder mafioso

Como já foi dito, para manter o próprio status de chefão e procurado, o mafioso deve necessariamente se comunicar. Além disso, a via de transmissão da mensagem e o meio utilizado não podem ser convencionais. Em certos casos, a mensagem é enviada sob forma codificada, de modo que apenas o destinatário possa entendê-la e que, em caso de interceptação, resulte totalmente incompreensível para os estranhos. Ademais, justamente a descoberta do meio de comunicação, às vezes mais do que o conteúdo da própria mensagem, pode levar os investigadores a atingir o próprio objetivo: a captura do foragido. É por isso que o fato de penetrar nas comunicações de um foragido com o seu *entourage* é fundamental.

D.P. Barash[1] define o conceito de comunicação como "a capacidade de influenciar o comportamento de outra pessoa com o próprio".

Partindo dessa definição, podemos acrescentar que a comunicação é um processo dinâmico dentro de um sistema (que pode ser aberto, como dentro do "terceiro elo", ou fechado, como dentro do "elo zero"). Ninguém, nem mesmo os amigos ou familiares, deve tomar conhecimento da condição do indivíduo que é tutelado durante o homizio. Mesmo entre o elo zero, ou seja, o último comparsa, e o foragido, as comunicações são reduzidas ao mínimo. Isso não invalida o fato de que não existe um sistema totalmente fechado.

Para conseguir produzir seus efeitos, emissor e receptor devem utilizar o mesmo código. Se Provenzano, quando escrevia os *pizzini* aos seus "amigos" tivesse utilizado um código alfanumérico desconhecido desses últimos, ninguém o teria entendido. Por outro lado, era indiscutível que, a um certo número, correspondia uma pessoa específica.

Dado que a comunicação é um processo dinâmico, um indivíduo não a produz, mas dela participa (ação e reação).

A comunicação é funcional para os seguintes fins: satisfaz as chamadas necessidades fisiológicas, contribui para criar o sentimento de identidade de grupo, respalda as necessidades de tipo prático e instrumental, responde às exigências de comando por parte de quem detém o poder. Por isso, é de importância primária no âmbito de uma organização criminosa com alguns dos seus homens mais ilustres escondidos e procurados.

Sem comunicação, a organização não poderia enviar as próprias mensagens ao mundo exterior, portanto, não poderia se aprovisionar (com tráficos ilícitos e extorsões) e morreria, tampouco poderia se comunicar internamente, interrompendo a ordem de comando e criando um colapso da célula como um todo.

Se não pudesse se comunicar, a organização terminaria por se afogar na criminalidade miúda, perdendo aquela conotação que a distingue das outras: a identidade mafiosa.

Dessa forma, a importância dos processos comunicativos e da sua interpretação se torna vital para o crime organizado. Ainda mais se a comunicação é compreendida apenas por quem faz parte da organização. A máfia, de fato, usa códigos cifrados que devem ser decodificados.

Um pouco de cola na fechadura de uma loja não significa nada por si só. Pode parecer a bravata de um menino. Porém, se alguns dias mais tarde o episódio se repete e é seguido pelo telefonema de um anônimo

A comunicação na gestão do poder mafioso

que solicita o "conserto", a mensagem é clara: "Você precisa pagar o *pizzo* (taxa de proteção) se não quiser que seu estabelecimento comercial pegue fogo inexplicavelmente."

"Meu caro, fico feliz em saber que você está bem e, graças a Deus, posso dizer o mesmo de mim..." poderia parecer a frase de um religioso do interior que escreve a um amigo. Mas os agentes do Esquadrão Investigativo reconheciam imediatamente nessas frases a "assinatura" de Bernardo Provenzano, que, quando escrevia aos outros mafiosos, usava uma linguagem de tipo bíblico que expandia e reforçava seu carisma de chefe.

Nino Rotolo (chefão do atual foragido Gianni Nicchi), quando devia receber outros mafiosos, embora estivesse em prisão domiciliar em um apart-hotel, colocava uma bola vermelha ao lado do portão para dizer que, naquele dia, o encontro não poderia acontecer. Vice-versa, se o encontro era viável, acendia dentro da garagem uma lâmpada que propagava uma luz visível mesmo do lado de fora.

A numerologia de Provenzano, descoberta nos *pizzini*, representa ainda mais a complexidade e a importância dos processos de comunicação, cifrados ao exterior e compreensíveis internamente. A importância de tudo isso parece evidente: as mensagens dos chefões não devem resultar ambíguas e devem ser imediatamente executáveis pelos acólitos subalternos; vice-versa, se alguém estranho à organização, ou pior, se as forças de segurança interceptarem uma mensagem, ela deve parecer absolutamente incompreensível.

Poder e comunicação, portanto, são um binômio inseparável. Isso também havia sido compreendido pelos magistrados e pelo legislador que, introduzindo o regime carcerário duro do artigo 41 bis, interromperam as ligações entre as celas e a organização, conseguindo, pelo menos inicialmente, bloquear as cadeias de comando e o circuito informativo que permitia que os chefões presos continuassem a dar

CATTURANDI

ordens e que os afiliados de nível inferior as recebessem. Daí as contínuas tentativas dos corleonenses de Totò Riina para revogar o artigo 41 bis.

Obviamente, com o passar do tempo, as técnicas se refinam e, se por um lado o Estado intensifica as penas e restrições, por outro, os chefões se empenham: Pino Lipari, por exemplo, durante sua permanência no cárcere, utilizava a filha, Cinzia, que também era sua advogada, para receber informações e ordens do seu chefe Provenzano. Ou então, sempre o mesmo Lipari, costurava na bainha das calças que eram mandadas para limpeza as mensagens que devia enviar ao chefão, envolvendo, assim, na gestão da comunicação, toda a família: filha, filho, mulher e genros.

Embora a senhora Marianna Impastato, esposa de Lipari, fosse uma verdadeira mulher da máfia, que tolerava o marido e observava suas regras, a um certo ponto ela se cansou da gestão dos negócios do cônjuge e, durante um encontro na prisão — devidamente interceptado —, se lamentou de Provenzano que, para realizar seus negócios, envolvia Pino Lipari e toda a sua família, ficando longe, protegido de riscos.

No cárcere de Augusta, por sua vez, um detento conseguiu corromper um agente penitenciário que, durante a hora de recreação, lhe passava um celular ativo com o qual o preso dava ordens e fazia acordos com os mafiosos de Palermo.

Nesse último caso (investigação para a captura de Vito Vitale), lembro que foi justamente um colega que intuiu que o indivíduo que contatava Vitale (então foragido) era um detento, pois, durante uma conversa interceptada, foi possível ouvir distintamente os barulhos de fundo típicos de uma prisão: portas de ferro que se fechavam, vozes com o eco característico de um local amplo, alguém que dava ordens peremptórias etc.

A comunicação na gestão do poder mafioso

A estação rádio-base do número de celular era a de Augusta, mas nunca, sem aquela intuição genial, teria sido imaginada uma circunstância semelhante.

Por isso, nunca me cansarei de destacar o valor que têm as interceptações durante as investigações de máfia e terrorismo, sobretudo na busca e captura de foragidos.

Os níveis da comunicação

As disciplinas que estudam os processos comunicativos (como a sociologia e a psicologia) distinguem três níveis de comunicação: verbal, paraverbal e não verbal.

O nível verbal transmite principalmente o aspecto do conteúdo da comunicação (o que digo); o paraverbal é expresso através da voz e dos elementos linguísticos da fala: pausas, velocidade de linguagem, tom etc. (como falo); o não verbal ou corpóreo diz respeito ao aspecto exterior: a postura, o gestual etc. (o que faço).

É claro que também no sistema de comunicação "máfia" esses três níveis estão em ação: os *pizzini* representam um sistema de comunicação verbal puro; em um diálogo telefônico, por outro lado, entram em jogo tanto a comunicação verbal quanto a paraverbal; por fim, em um diálogo presencial, entram em jogo todas as três formas de comunicação.

A comunicação paraverbal e corpórea responde a múltiplas funções. Em primeiro lugar, exprime emoções tanto primárias (felicidade, medo, raiva, surpresa, tristeza, nojo) quanto complexas (vergonha, excitação sexual, culpa etc.). Alguns episódios que foram verificados durante as investigações para a busca de foragidas servem de testemunho. Durante as operações de interceptação, entender o estado de espírito e as "regras de ostentação"[2] dos indivíduos é de importância fundamental, pois ajuda os investigadores a conhecer os aspectos psicológicos das pessoas vigiadas para que se possam verificar elementos recorrentes e mudanças repentinas.

Quando, para citar um exemplo, no verão de 2006, a senhora Rosalia Di Trapani, esposa de Salvatore Lo Piccolo, desapareceu por várias semanas, os operadores responsáveis pela escuta das conversas telefônicas detectaram algumas anomalias nos dias anteriores ao fato. A mulher havia mudado repentinamente o visual, indo à esteticista e ao cabeleireiro. Visto por olhos inexperientes, o episódio podia parecer sem importância para os fins investigativos, porém, conhecendo a personalidade da sra. Di Trapani, a coisa era inusitada. De fato, daquela vez, a tintura e o penteado não foram feitos, como de costume, pela nora, mas por uma profissional do setor que nunca havia sido contatada. O fato de ela manter o celular desligado também era uma confirmação suplementar das nossas suspeitas.

Infelizmente, embora o serviço de observação tivesse sido potencializado, Rosalia Di Trapani conseguiu apagar os próprios rastros. Aproveitando um jantar com filhos e parentes, ela desapareceu uma noite e só reapareceu de repente no final do verão. Durante as buscas no covil de Giardinello, foram encontradas várias fotos em que a sra. Di Trapani, com o novo penteado, estava na companhia do marido e do filho foragidos.

Em segundo lugar, a comunicação paraverbal torna evidentes os comportamentos interpessoais (que se diferenciam das emoções, pois são sempre voltados para os outros indivíduos com os quais estamos em contato naquele momento, ao passo que as emoções podem subsistir a despeito dos estímulos externos): simpatia, amizade, contato físico, expressão do rosto etc. Além disso, permite que nos apresentemos através da nossa própria voz e aspecto exterior. Por exemplo, passear de braços dados em um vilarejo pode significar que duas pessoas

Os níveis da comunicação

quaisquer são amigas e estão batendo papo, talvez parando mais tarde para tomar um café no bar. Porém, se dois mafiosos estão passeando no vilarejo de Cinisi, o quadro muda de significado e quer dizer: "Chegamos a um acordo, agora somos sócios nos negócios e ninguém pode nem deve se intrometer."

Por fim, a comunicação corpórea permite esclarecer, modificar, respaldar, regular ou substituir a mensagem verbal e utiliza rituais que, no campo das organizações criminosas, têm um valor importantíssimo. Devemos lembrar, dentre os vários ritos, a histórica "picada" com o "santinho" ensanguentado que era queimado durante o rito de iniciação.

A comunicação unilateral: os *pizzini*

A comunicação é um processo sensorial no qual uma mensagem parte de um emissor (um homem, por exemplo) e, por meio de um transmissor (seu aparelho fonador), passa através de um canal (a voz transmitida pelo ar) até um destinatário (outro homem), que a colhe por meio de um receptor (o ouvido). O emissor deve ser capaz de codificar corretamente a própria mensagem de maneira que o receptor possa decodificá-la e entender seu significado.

O ruído é qualquer fator que interfere na comunicação perturbando-a e tornando-a mais ou menos ineficaz (pode ser externo, fisiológico e psicológico).

Além disso, a comunicação pode ser bilateral, ou seja, quando há uma resposta imediata à mensagem (diálogo), ou então unilateral, ou de uma via, quando só existe uma direção: uma ordem que não admite réplicas.

A comunicação de uma via é a que prevalece no caso dos mafiosos foragidos.

Não se trata apenas, e de modo abstrato, de uma regra geral; de fato, as investigações sobre os mais importantes mafiosos procurados destacaram esse tipo de comunicação. Trata-se de verdadeiros comandos dados sob a forma de bilhetes manuscritos, enrolados e fechados com fita adesiva transparente, chamados impropriamente de *pizzini*. Impropriamente porque *pizzino*, em dialeto siciliano, indica algo muito pequeno, mas, na verdade, os *pizzini* dos mafiosos são verdadeiras cartas, muitas vezes compostas de várias páginas.

E, certamente, os *pizzini* não são uma novidade introduzida por Bernardo Provenzano. Benedetto Spera, Salvatore Riina, Nino Giuffrè e Salvatore Lo Piccolo, para citar apenas alguns dos mais temíveis expoentes da máfia, também usavam esse sistema de comunicação tanto para transmitir notícias aos próprios familiares quanto para dar ordens aos acólitos, inclusive, certas vezes, para determinar alguns homicídios.

O "contador", "o trator", "o tio" — enfim, Provenzano — representa o exemplo clássico desse sistema de poder e comunicação. No ótimo livro escrito pelo jornalista Salvo Palazzolo e pelo substituto do procurador da república em Palermo, Michele Prestipino, *Il Codice Provenzano* [*O Código Provenzano*], os autores, utilizando o termo "estilo", esclarecem uma terminologia e uma codificação totalmente peculiar utilizada pelo foragido durante sua longa vida de fuga.

A descoberta de milhares de *pizzini* em Montagna dei Cavalli[3] permitiu aos investigadores completar a decodificação do código utilizado pelo chefão, já iniciada antes da prisão, o que levou à identificação de vários outros comparsas e à compreensão de dinâmicas internas e externas da Cosa Nostra.

Foi possível, por exemplo, atribuir à maior parte do código numérico o personagem correspondente associado, assim, quando o velho chefão se comunicava com o número cinco ou falava dele com outras pessoas, percebeu-se que ele estava se referindo a Francesco Pastoia, mafioso de Belmonte Mezzagno. Uma curiosidade: quando Pastoia, depois da sua prisão, se suicida no cárcere, Provenzano associa o número cinco a um outro personagem. É como se dissesse que, na Cosa Nostra,

A comunicação unilateral: os pizzini

todos são úteis e ninguém é indispensável ou insubstituível. O número 31 é identificado como o ex-foragido Sandro Lo Piccolo, que — apesar de ser um jovem sem dúvida mais erudito no uso da gramática — emulava a linguagem e o estilo do velho chefão. "Meu tio caríssimo", escrevia Lo Piccolo Júnior, "sempre esperando que o senhor e os seus estejam bem, escrevo este breve bilhete para desejar de coração que o senhor transcorra a presente Páscoa em paz e da melhor maneira possível. O mesmo desejo dirijo aos seus caros, a todos aqueles que lhe estão próximos e que lhe querem bem." Em outro *pizzino*, sempre Sandro Lo Piccolo, com trinta anos de idade, concluía escrevendo: "[...] envio do fundo do coração uma infinidade de abraços e beijos. Com tantíssima estima, seu sobrinho 31. Desejo-lhe um bem imenso!!! E que Deus lhe ajude sempre!!! Votos de boa Páscoa a todos. Até breve."[4]

O Código Provenzano era imediatamente recebido, decodificado e utilizado pelos outros membros da organização, não apenas pelos mais jovens, mas também pelos chefões mais experientes do calibre de Totuccio Lo Piccolo, pai de Sandro, e Matteo Messina Denaro.

A linguagem de Provenzano não tem apenas uma numerologia específica, mas também uma terminologia característica: "*appacciarsi*" [apaziguar] significa mediar interesses opostos; "*un accondino*" ["um adiantamentozinho"] indica uma cifra pequena, mas significativa, dada como sinal pela empresa extorquida; "*il fiore*" ["a flor"] quer dizer o presente que o empresário que não está "em dia" teria dado ao extorsionário para reiterar a boa-fé e a lealdade em relação ao ordenamento mafioso etc.

A complexidade do código, mas também a dificuldade na transferência da mensagem, podia provocar por vezes alguns problemas (de caráter técnico, ruído). De fato, alguns termos usados pelo chefão eram incompreensíveis até mesmo para os destinatários, que muito raramente pediam mais detalhes.[5] Outras vezes, porém, ocorriam incidentes, como aconteceu quando o mensageiro que transferia os *pizzini* de Provenzano a Giuffrè, atravessando um córrego a cavalo, molhou a correspondência, tornando ilegíveis alguns bilhetes. Nesse caso, Giuffrè foi obrigado, contra a própria vontade, a pedir esclarecimentos a Provenzano.

Uma vez, sempre em relação aos *pizzini* do "tio", aconteceu que Nino Episcopo, por descuido, danificou um dos bilhetes ao abri-lo, tornando-o ilegível. Isso acarretou um atraso na cadeia de distribuição dos comandos que não agradou muito ao chefão.

Entretanto, antes da descoberta do Código Provenzano, foi possível decifrar outro código que permitiu, pela primeira vez, que se compreendessem as dinâmicas mafiosas dos anos anteriores. Estou me referindo ao chamado Código Buscetta, utilizado pelos juízes Falcone e Borsellino para instruir o primeiro grande maxiprocesso. Como o próprio Giovanni Falcone pôde reconhecer, a contribuição proporcionada pelo arrependimento de dom Masino Buscetta foi tão importante que abalou toda a organização mafiosa, a qual, todavia, graças ao próprio dinamismo interno e à resposta lenta do Estado, conseguiu superar a grave crise e se organizar para declarar guerra às instituições e aos seus homens, com as consequências que todos nós conhecemos hoje.

Os *pizzini* de Franco Franzese

A seguir, estão reproduzidas algumas imagens de alguns *pizzini*, em versão original e transcrita, encontrados no covil de Franzese e reconstruídos pela Polícia Científica de Palermo.

Ao contrário dos que foram encontrados com Provenzano e os Lo Piccolo, esses bilhetes foram jogados no vaso sanitário poucos instantes antes da invasão policial.

De fato, durante a busca, foram encontrados alguns *pizzini* absolutamente íntegros enviados ao foragido por Sandro Lo Piccolo e pareceu estranho não encontrar nenhum bilhete pronto a ser enviado. Somente alguns dias depois, um agente da Catturandi refletiu sobre a hipótese de uma dispersão das mensagens através da rede de esgoto e, assim, com a ajuda de pá e picareta, abriu-se a vala negra da casa de Via Salerno: ali, enrolados em seu invólucro de fita adesiva, entre as águas negras e o lodo, foram encontradas quatro missivas, das quais algumas eram destinadas justamente a Sandro.

Acima, *pizzini* recuperados, em 2 de agosto de 2007, pela Catturandi no covil de Franco Franzese. Abaixo a reconstituição de um texto.

.... sou visto com Tind. Que organiza ... para ... transferência que deverá acontecer na quinta-feira da próxima semana... infelizmente Gasp. teve de descer antes do previsto por causa de um fato que o incomodou. Voltando a falar da sua transferência... O compadre G. elucidará tudo à sua mulher, trate de se encontrar com ela alguns dias antes de... assim será feito um único embarque. Portanto, encerro este assunto desejando de coração que vocês consigam... Muito!!! não pense em nada, a não ser em se divertir com os........................... que .... Precisar de você, senão mando buscá-lo ....
Agora, informo que há alguns dias recebi 10 mil euros da ordem dos médicos e devo receber outros 10 mil nos próximos dias. E também recebi outros.......... de uma reestruturação que fizeram em Mondello pela qual pedi... essa reestruturação fica ou ficava..
Pizza, seu sócio... quando............. os tiras........... Tind. Você precisa............. ajudar. Portanto... portanto fique... nele, eu disse para ele que... anexo................. Você precisa se transferir................... é P........ todos.... que um.............. capitão Fiore ou de............. Tind., que natural.......... não diz nada?... eu cuido disso... Me avise... Tind. .... que você deu... ótima ideia!!!... combinação...

Acima, o *pizzino* amassado, já colocado em uma solução aquosa para que pudesse ser aberto e reconstruído. Abaixo, a transcrição.

4

.... está se falando na sem. ....
...... em dois lapsos de tempo, continua a t..
Assim que decidirmos. Depois veremos onde ele deve................................. nos primeiros dias de set. Ele precisa ir embora. Por que não..
Agora, respondendo à sua última de julho...
Sinto que você gostaria de ficar na casa de Tind. até se....................... mesmo que..... vou dizer a ele. Mas você.............. que.................... com ele. Diga a ele que você quer ficar até set. de modo que ele, tem todo o tempo para te atender. Eu, meu filho do coração, sabendo que você está feliz com os seus, também fico feliz!!! Entendo os momentos ruins que você está passando, mas se Deus quiser, agora será por pouco tempo. E desejo que você................ que você possa relaxar ao máximo. Agora, filho do meu coração, sem ter mais nada a dizer, vou terminar por aqui, esperando uma nova carta e mandando em nome de todos muitos beijos queridos. Mando um milhão de abraços e beijos. Mais beijos para as crianças... afetuosíssimo abraço para sua mulher.

.... o ter.
"............................ drino."
............................ro bem! Penso muito!!! Não vejo a hora.
T. A.

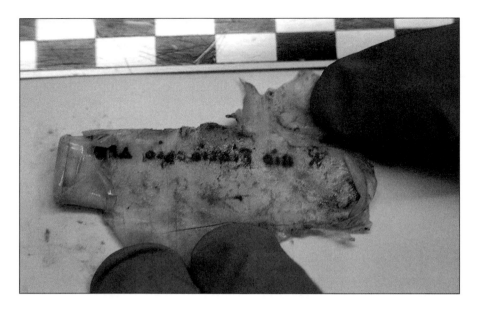

A operação de reconstrução realizada pela Polícia Científica.

O *pizzino* aberto, pronto para ser escaneado.

Interceptações:
aspectos não verbais da fala

A voz é o canal mais difícil de controlar e, portanto, é capaz de revelar de maneira mais fiel o verdadeiro estado emotivo e o comportamento em relação ao interlocutor.

Durante uma investigação que tem por objetivo a captura de um foragido, a Polícia Judiciária — como já foi dito várias vezes — prefere e faz uso intenso das interceptações. Desse modo, a comunicação é o eixo da investigação. Todavia, um afiliado mafioso ou o familiar de um procurado quase nunca fala abertamente dos seus assuntos privados ou criminosos. Na minha carreira, que se estende por várias décadas, nunca ouvi uma mulher, um filho ou alguém ligado a um criminoso dizer durante uma conversa telefônica ou em casa: "Saio e vou me encontrar com X."

Na verdade, a escuta das conversas é feita para detectar indícios que possam levar à identificação dos indivíduos que compõem os diversos "elos", para descobrir lugares que possam servir para encontros, trocas de *pizzini* ou reuniões com o próprio foragido.

Mas isso só pode acontecer com uma "escuta ativa" dos diálogos.

O operador policial, mesmo não participando da conversa, deve entrar na mente dos indivíduos vigiados para conhecer suas

CATTURANDI

características psíquicas e emocionais, além dos comportamentos e hábitos, a fim de compreender seu código de comunicação e perceber as anomalias existentes.

Em outras palavras, se Fulano liga para a mulher toda tarde para perguntar o que comprar para o jantar e, em uma determinada tarde, não telefona, o operador na escuta deve perceber a anomalia e alertar o pessoal que está na rua ou ocupado com serviços técnicos (câmeras, GPS etc.), porque algo vai acontecer. Na verdade, pode vir à tona simplesmente que o casal decidiu jantar em um restaurante, mas um bom investigador não percebe o evento porque tem o faro de um cão, mas porque conhece a evolução dos fatos de toda a família e sabe que, se a mulher tivesse decidido jantar fora com o marido, certamente teria contado à mãe, com a qual talvez fale várias vezes ao longo do dia.

Se durante uma conversa com a mulher de um afiliado, que fala durante aproximadamente uma hora com a própria irmã, há o intercalar de um "ruído emotivo" excessivo, os operadores na escuta entram imediatamente em alerta. E isso acontece automaticamente, pois os sentidos de quem está na escuta estão sempre vigilantes e em busca exatamente dessas nuanças, imperceptíveis para um ouvido pouco treinado.

No final, até mesmo aqueles que sabem que estão sendo interceptados e usam todas as cautelas possíveis sempre cometem um erro e, por isso, devem ser escutados com a máxima atenção.

Saveria Palazzolo, a companheira de Bernardo Provenzano, falava muito raramente ao telefone. Mais frequentes eram as comunicações dos filhos, Francesco Paolo e Angelo. Contudo, embora considerassem ponto pacífico o fato de estarem sendo interceptados tanto ao telefone quanto em casa, os dois jovens, de qualquer forma, cometeram um erro. Alguns dias antes da descoberta do covil de Montagna dei Cavalli, um primo, Giuseppe, que também era um dos mensageiros de Provenzano, ligou para Angelo para se certificar de que ele estava em

Interceptações: aspectos não verbais da fala

casa. Angelo, que se encontrava fora de Corleone, disse que não estava. Mesmo assim, Giuseppe apareceu na casa dos Provenzano e, depois de ficar alguns minutos na companhia apenas de Saveria, saiu levando consigo um saquinho branco.

Isso não podia de jeito nenhum passar despercebido aos colegas que estavam na escuta. Algo não batia: não fazia sentido o telefonema anterior entre os dois primos; era inusitado que Giuseppe tivesse ido à casa de Angelo quando só Saveria estava presente; nenhuma menção havia sido feita nas conversas interceptadas a algo que o rapaz precisava pegar na casa dos Provenzano.

Tudo isso desencadeou um mecanismo de análise e averiguação que chegou ao fim no lindo dia 11 de abril de 2006, data da prisão de Bernardo Provenzano.

Resumindo: é necessário que o operador designado para a escuta ou para monitorar uma câmera perceba não apenas o aspecto verbal da comunicação, mas também, e sobretudo, os aspectos paraverbal e corpóreo.

Portanto, é necessário levar em consideração, além do que se ouve e se vê, toda uma série de outros sinais:

a. *sinais prosódicos*, que, embora façam parte da linguagem, também transmitem informações emocionais. As pausas para destacar alguns trechos de um discurso ou a ênfase dada a uma palavra podem revelar muita coisa. A mulher de Nino Nuccio, quando sabia que o marido estava fora de casa para fazer algo "especial", repetia várias vezes para a mãe que ele havia saído para fazer compras e, em seguida, acrescentava repetidamente "Entendeu?", certificando-se de que a mãe também havia entendido o que não havia sido dito;

b. *sinais de sincronização*, que permitem entender quando a frase ou o discurso de um dos interlocutores terminou e cabe ao outro falar. A compreensão desses sinais é importantíssima durante o relatório de uma interceptação ambiental na qual o operador — sem ver os interlocutores ou até mesmo sem conhecê-los —, só escutando, muitas vezes pela primeira vez, as vozes, que podem ser semelhantes e não facilmente distinguíveis, deve atribuir as frases pronunciadas a cada um dos indivíduos;

c. *sinais de perturbação*, como gagueira, "ahm", "uhm" e coisas desse tipo. Talvez seja difícil de acreditar, mas até mesmo esses sons ajudam a compreender muitas coisas: dois mafiosos que conversam sobre uma extorsão, muitas vezes, enchem a conversa desses sinais, que permitem entender o que os criminosos na verdade não dizem com palavras;

d. *ruídos emotivos*, como choro, riso, lamentos etc., que são igualmente significativos, sobretudo em relação ao estado de espírito;

e. *sinais paralinguísticos*, como o tom da voz, que é importantíssimo para que se entenda se determinada frase é pronunciada com ironia ou ênfase;

f. *gestos ilustradores*, movimentos sempre ligados à movimentação das mãos que seguem o discurso e, em geral, têm como objetivo esclarecer um conceito. Por exemplo, com a mão é possível indicar um lugar ao qual se deve ir;

g. *gestos reguladores*, ou seja, alguns movimentos utilizados pelos dois indivíduos que estão entabulando um diálogo com o objetivo de sincronizar as intervenções. Como uma mão suspensa no ar, que pode significar que o indivíduo quer a palavra;

h. *gestos reveladores*, que indicam o estado emotivo de quem está falando. Por exemplo, as mãos fechadas em punho viradas para cima indicam alegria.

Notas

NOTAS

[1] David P. Barash ensina psicologia na Universidade de Washington. Além dos seus livros, também é conhecido pelos artigos publicados na *Psychology Today* e no *The New York Times*.

[2] "Regras de ostentação" são definidas como as estratégias adotadas por alguns indivíduos para controlar as próprias emoções. Para se aprofundar, vide LUCHETTI, L. *Comunicazione per la Polizia di Prossimità*. Roma: Laurus Robuffo, 2005.

[3] Um número elevado de *pizzini* foi apreendido, em 5 de novembro de 2007, também em Giardinello, no covil dos Lo Piccolo e, alguns meses antes, em 2 de agosto, no covil de Franzese. O material ainda está, em parte, sendo submetido ao crivo dos investigadores, mas o que já foi examinado permitiu a identificação de numerosos mafiosos e comparsas, imediatamente denunciados ou presos. Entre outras coisas, a publicação da lista dos empresários vítimas (ou, em alguns casos, cúmplices) dos Lo Piccolo desencadeou uma renovação ética no mundo empresarial siciliano como nunca vista até então.

[4] PALAZZOLO, Salvo; PRESTIPINO, Michele. *Il codice Provenzano*. Roma: Laterza, 2007, p. 57.

[5] Para evitar certas incompreensões, perigosas no mundo da máfia, Provenzano decidiu subdividir as diversas ordens por assunto: além disso, para evitar possíveis "tragédias", começou a enviar com as suas missivas cópias das que ele recebia de outros mafiosos e que eram de seu interesse divulgar, de modo que pessoas afastadas tomassem diretamente conhecimento de determinadas posições.

A queda de braço
entre Estado e antiestado

O pensamento mafioso:
desvio e fundamentalismo

Seria possível dizer que "ninguém se torna, mas já nasce mafioso". Essa afirmação, embora seja apenas uma frase de efeito, contém alguns elementos de grande veracidade. Os mafiosos, em sua grande maioria, de fato provêm de um mundo familiar ou, de qualquer forma, de um contexto primário mais amplo de socialização no qual os valores típicos de "mafiosidade" são apresentados como matriz única de significação dos eventos.

Ou seja, um contexto no qual são exaltados os valores masculinos de força, coragem, frieza e virilidade em contraste com o mundo dos "tiras", dos juízes e das forças da ordem em geral. Esse contexto cria dicotomias psíquicas e conceituais que contrapõem, de um lado, os "*uomini d'onore*" ("homens de honra") que trabalham para o bem comum, isto é, para os interesses gerais da família mafiosa, e, do outro, o Estado, com o qual negociar, mas que, ao mesmo tempo, deve ser combatido e confrontado quando intervém e impede a realização desses negócios.

O Eu individual coincide plenamente com o Nós supra e transpessoal, de forma que um indivíduo mafioso perde a própria identidade de homem para pertencer a um grupo coeso, feito de regras e valores próprios, no qual não existe alternativa: ou você está dentro, e, portanto, é poderoso e repeitado, ou está fora e é "ninguém misturado com nada". É isso que alguns estudiosos indicam como o *fundamentalismo mafioso*.

Um fundamentalismo que gera um comportamento antissocial e transviado, capaz de envolver e corromper até o tecido bom da sociedade, criando um *modus operandi* e difundindo valores que se contrapõem ao da vida civil.

Na Sicília e, em especial, em Palermo, apenas nos últimos anos e, principalmente, como consequência de muitas iniciativas de grupos de jovens, criou-se uma consciência antimafiosa que, concretamente, deu origem a importantes grupos que se opõem à extorsão (a base da luta civil contra as máfias). Essas associações livres, ao tirar as instituições do torpor, geraram os resultados que todos nós conhecemos: a constituição de fóruns de pesquisa sobre o assunto, dos quais participaram expoentes das associações e das universidades, juízes e órgãos governamentais; uma maior atenção midiática, destacando os problemas ligados à extorsão e à usura; o envolvimento dos ambientes empresariais e industriais na luta contra o crime organizado etc.

Esses resultados também foram obtidos graças ao sacrifício de muitos homens e mulheres que, ao longo de sua vida a serviço do Estado, puseram de lado tudo ou quase tudo para entregar à justiça personagens do calibre de Provenzano, Lo Piccolo, Brusca e outros. A eles, também precisamos acrescentar aqueles que, sem se dobrar à chantagem criminosa da Cosa Nostra, perderam a vida: magistrados, empresários, expoentes das forças de segurança, médicos, pessoas comuns. Pessoas que não quiseram abaixar a cabeça, que não aceitaram pôr uma venda nos olhos e que, com seu sacrifício, deram um golpe de picareta no sistema cultural mafioso.

Com isso, veja bem, não estou afirmando — como ouvi de importantes personalidades nos dias após a captura dos Lo Piccolo — que a máfia, ou a "mafiosidade", já está derrotada ou está prestes a sê-lo.

O pensamento mafioso: desvio e fundamentalismo

A máfia como organização estruturada no território certamente sofreu grandes perdas nos últimos anos. No entanto, devemos lembrar que, também após o maxiprocesso, a organização pareceu enfraquecida, mas, depois, os fatos nos demonstraram o contrário.

Um discurso diferente é o da mentalidade mafiosa gerada por certa herança cultural e social. Nesse caso, o trabalho ainda é longo.

Em uma entrevista na televisão, Roberto Scarpinato, substituto do procurador da república em Palermo, afirmou que "para derrotar a cultura mafiosa, o siciliano, o calabrês e o campano não devem se dirigir mais a mediadores, mas às instituições".

Quando as instituições se tornarem o único interlocutor eficaz das pessoas, quando derem respostas eficazes às necessidades dos cidadãos, então será possível dizer que a mentalidade mafiosa não existirá mais e, com ela, paulatinamente, também sua estrutura organizada começará a se desagregar.

Sempre haverá delitos de corrupção, fraudes, homicídios e outros crimes, mas serão fruto de indivíduos solitários ou de pequenos grupos transviados, e não mais de uma grande parcela da coletividade ou de organizações estruturadas como a Máfia, a Camorra ou a 'Ndrangheta. Enfim, a concretização de uma esperança, de um sonho, que todos os homens e mulheres honestos deste país esperam há tempos.

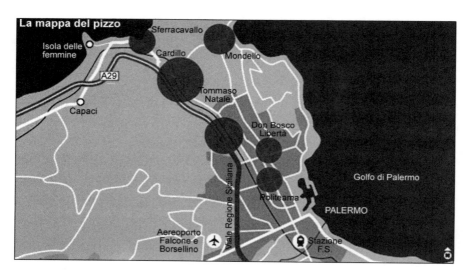

Mapa da extorsão imposta pela família Lo Piccolo em Palermo (de Repubblica.it).

O poder da máfia

À pergunta que muitos se fazem, ou seja, de que vale uma vida feita de fugas e perigos, de esconderijos incômodos e distantes das alegrias e do afeto dos próprios entes queridos, a resposta recorrente dos especialistas é que tudo nasce somente do gosto pelo poder.

O sociólogo alemão Max Weber distingue o poder em dois conceitos: potência e poder legítimo. Com o primeiro conceito, indica "qualquer possibilidade de fazer valer dentro de uma relação social, mesmo diante de uma oposição, a própria vontade, seja qual for a base dessa possibilidade". Com o segundo, por outro lado, refere-se à "possibilidade de encontrar, junto a certas pessoas, obediência a um comando que tenha um determinado conteúdo."[1]

No primeiro caso, a referência é uma relação social na qual o indivíduo mais forte consegue fazer valer a própria vontade sempre e de qualquer maneira. No segundo caso, estamos falando das relações nas quais o indivíduo fraco aceita as decisões alheias porque as reconhece como válidas e, portanto, legítimas. Weber, baseando-se nesse segundo conceito, apresenta a tipologia das famosas três formas de legitimação do poder: tradicional, carismático e racional-legal.

No âmbito de uma organização de tipo mafioso, potência e poder legítimo coincidem nas mãos do chefe da família ou chefão. Ele é um ditador que exercita a própria vontade sobre os afiliados, que, por sua vez, reconhecem a legitimidade de sua força. O juramento de fidelidade que um "homem de honra" faz perfurando o dedo e queimando o "santinho" é o reconhecimento de um poder e de um ordenamento superior ao do Estado, ou seja, aquele a que toda a coletividade se entregou. Trata-se, dessa forma, do reconhecimento do pertencimento a um grupo social diferente, caracterizado por valores e regras distintas das que são percebidas e respeitadas pelo resto da comunidade.

Bernardo Provenzano, Salvatore Lo Piccolo e, antes deles, Pietro Aglieri, Giuseppe La Mattina e muitos outros, viveram suas carreiras criminosas no ápice das próprias famílias ou até mesmo no ápice da cúpula mafiosa. Milhões de euros passaram pelas mãos desses homens, mas, no final, eles passaram a maior parte de seus anos como prisioneiros e fugitivos. E não foi uma fuga feliz no exterior como a de Vito Roberto Palazzolo, que, graças ao seu distanciamento da Itália e do dinheiro da máfia, pôde manter a imunidade. Não: foi uma vida feita de fugas e deslocamentos contínuos, sempre com a ansiedade e o perigo de uma emboscada por parte de uma outra facção ou de uma batida das forças de segurança. Nada de grandes hotéis e restaurantes, como algumas vezes se fantasiou em ambientes jornalísticos e populares, mas uma vida reservada, dentro de núcleos familiares complacentes que, por dinheiro ou outras conveniências, se prestaram a fornecer aos criminosos disfarces e apoio.

Provenzano, após os primeiros anos de deslocamento por toda a Sicília com a família, decidiu, em 1992, mandar os parentes de volta para o vilarejo natal, Corleone, para prosseguir solitariamente o homizio. Uma escolha que pode ser interpretada de várias maneiras, mas que, a meu ver, foi determinada pelo fato de que o "contador", tendo mais uma vez feito bem os cálculos e esperando uma reação dura do Estado e da sociedade civil como consequência da estratégia terrorista imposta por Totò Riina, resolveu proteger os próprios entes queridos,

O poder da máfia

evidenciando assim sua desaprovação (mas não oposição[2]) em relação a tal estratégia. Além disso, a volta da sua companheira e dos filhos a Corleone foi interpretada por muitos como o sinal de que Provenzano estava morto. E, para um foragido, isso obviamente é útil.

O homizio de "Binnu" foi feito de deslocamentos entre seus amigos de maior confiança, entre Bagheria e Agrigento, Ragusa e Villafrati, até que ele se escondeu nas cercanias de Villabate, protegido pelo velho chefão Mandalà (vulgo "Advogado") e do seu filho Nicola, astro nascente da máfia de Palermo. Depois, negócios e política, mas sempre sob pressão. Primeiro, de Vito Vitale, que, em 1996, enquanto o "contador" se escondia exatamente na sua área, em Terrasini, declarou guerra aos corleonenses e tentou, com a ajuda dos "amigos" de Catânia, subverter a ordem arquitetando o assassinato justamente de Provenzano, o velho chefão. De fato, morrerá um tal Riina (apenas homônimo de Salvatore), mas Provenzano conseguirá fugir e Vitale será sucessivamente preso pela Catturandi de Palermo em uma fazenda em Borgetto em 14 de abril de 1998. Em seguida, quem pressionou Provenzano foram os investigadores, com batidas policiais em Mezzojuso, nas terras do chefão Cola La Barbera, que levaram à prisão de Benedetto Spera no lugar de Provenzano, que chegou à casa logo após a invasão da polícia e ficou escondido no campo, atrás dos arbustos, esperando que tudo terminasse. Mais uma vez, mais sorte do que qualquer outra coisa para o velho corleonense, doente da próstata, mas sempre hiperativo.

Por fim, a fuga do "contador", antes da Operação Gotha, e sua volta a Corleone, onde será preso sempre pelos homens da Catturandi junto com o pessoal do Serviço Central Operacional da Polícia do Estado.

Nada de mansões nem banhos em piscinas de champanhe para o ex-número um da Cosa Nostra. Pelo contrário, uma vida solitária e cheia de medos e tensões. É claro, alguns desejos de chefão ele realizava, pedindo aos seus fornecedores de víveres, por exemplo, chicória selvagem ou mel de eucalipto. Mas isso não é nada se comparado ao que se poderia esperar do chefe dos chefes, com tanto dinheiro e ascendência na máfia. Provenzano é o emblema desse estilo e sistema de poder, ao qual se submetiam todos, ou quase todos, os chefões de alto nível: Aglieri, Gambino e La Mattina foram presos em uma casa entre Bagheria e Ficarazzi que era praticamente uma choupana. Giovanni Brusca estava em um sobrado às portas de um vilarejo na província de Agrigento. O próprio Salvatore Lo Piccolo, apesar da casa de praia, não costumava, pelo que foi descoberto, dar festas e se divertir. Talvez seu filho, Sandro, por causa da pouca idade, se arriscasse um pouco mais, passeando pelo vilarejo de Terrasini em meio à multidão de turistas e na companhia de alguns amigos de confiança. Mas, em todo caso, a família se mantinha sempre longe dos chefões e, se alguns breves períodos podiam ser passados juntos, a despeito de todas as forças policiais, riscos não faltavam. Nino Rotolo, se não tivesse sido preso junto dos seus afiliados, já teria decidido suprimir seus rivais, tanto que os Lo Piccolo, após descobrir os planos de morte a seu respeito, exterminaram todos os conspiradores, assassinando vários e obrigando os outros a fugir ou a obedecê-los (nesse contexto, devem ser inseridos os homicídios de Nicolò Ingarao e Lino Spatola).

Explicar o comportamento criminoso e a vida apartada desses indivíduos, bem como o relativo homizio, com a simples resposta de que é uma renúncia que favorece o exercício e a manutenção do poder é, de qualquer forma, insuficiente e superficial. É verdade que o poder é exercido pelos chefões; isso está fora de discussão, mas é suficiente para explicar seu estilo de vida? É suficiente a avidez pelo poder para cobrir os custos, nem sempre materiais, do risco e da privação? Na minha opinião, não.

Acho que tudo está ligado a um problema cultural e de socialização. Na verdade, a meu ver, quem nasce e cresce no âmbito de um grupo socialmente transviado como uma família mafiosa está inevitavelmente fadado a viver com base naquelas normas porque com elas se identifica.

O poder da máfia

O mafioso adquire, da sua família de sangue e do contexto em que se insere, uma propensão a pôr a própria existência a serviço do bem da organização, que coincide, no seu núcleo fundador, com a própria família de sangue. É por isso que o Eu individual é perdido e gradativamente substituído pelo Nós familiar. O que o estudioso Banfield chama de "familismo amoral"[3] contrapõe esses indivíduos ao Nós social e, portanto, à noção de Estado.

A força da Cosa Nostra, no longo percurso histórico que viu sua afirmação no sul da Itália, reside justamente no fato de ter feito coincidir a família biológica com a social e afetiva por meio dos casamentos realizados entre integrantes da organização. Dessa maneira, família de origem, família adquirida e família mafiosa passam a coincidir. Perde-se a identidade do indivíduo para se obter uma identidade coletiva e associal. Por conseguinte, um papel fundamental é desempenhado pelas mulheres, guardiãs daqueles valores de mafiosidade necessários à organização.

Quando, no covil dos Lo Piccolo, foi encontrado o decálogo do bom mafioso, algumas regras — contrárias aos tempos e à cultura moderna — pareciam o símbolo claro dessa identidade: não desejar a mulher de um "amigo", que é uma das regras dos afiliados, implica que um mafioso pode ter uma amante, mas que ela não deve ser da família, pois, de uma maneira ou de outra, a relação causaria dano a toda a organização. A velha regra de não matar um filho na frente da mãe, por exemplo, tinha por objetivo evitar que a mulher, acometida pelo forte trauma daquela terrível visão, pudesse acusar os executores do delito, rompendo a lei do silêncio, tão importante e crucial para a organização.

As mulheres não foram frequentemente envolvidas de forma direta nas histórias da máfia (pelo menos no passado), todavia, são um elemento central na gestão do poder e da coesão de toda a organização.

A mulher de Bagarella, Vincenzina Marchese, chegou a se suicidar para impedir que o arrependimento do irmão pudesse desonrar o marido. Saveria Palazzolo, companheira histórica de Provenzano (que nunca se casou), acudiu e cuidou dos seus dois filhos longe dele, sem encontrá-lo por longos períodos e, à noite, chora e reza por ele. Rosalia Di Trapani, mulher de Salvatore Lo Piccolo, também não fica atrás: com o marido foragido havia mais de vinte anos, era ela que protegia e orientava, como uma leoa, os filhos, dos quais um, Sandro, era um foragido como o pai.

As fotos encontradas em uma bolsa de Salvatore Lo Piccolo retratam algumas cenas, provavelmente do verão de 2006, no qual, apesar dos fortes controles das forças de segurança, toda a família conseguiu passar alguns dias na praia. Nas fotos, a família parece comum: Lo Piccolo, o avô, com a netinha ao lado, a avó perto da nora e de seus três filhos.

Quem entra para a Cosa Nostra, por nascimento ou por vontade, não pode mais voltar atrás. O fenômeno dos criminosos "arrependidos", exatamente porque abala os valores e as regras desse modo de ser, foi e ainda é um grave elemento de ruptura e trauma para toda a organização. Quem se arrepende rompe o cordão umbilical que, até aquele momento, o manteve vivo e com boa saúde. O arrependido perde aquela identidade de mafioso que, se não for substituída forte e imediatamente pela de integrante de uma coletividade que encontra sua expressão no Estado, leva o indivíduo a uma condição de depressão e apatia a qual, com o decorrer do tempo, pode levar até ao suicídio.

É por isso que julgo que o desempenho das funções de chefe a todo custo, mesmo foragido e nas condições de vida mais difíceis e míseras, não é apenas um fator ligado ao exercício do poder, porque o poder é apenas a parte mais externa, visível de um processo psíquico e social mais vasto e complexo.

As mulheres da máfia

Como mencionado, a mulher desempenha um papel fundamental no âmbito de uma família mafiosa.

Mães, esposas ou irmãs, as mulheres permanecem sendo as guardiãs dos segredos mais recônditos de seus homens. São elas que transmitem educação, cultura e a mentalidade da "família" aos filhos e netos, além de construir e formar o cunho psicológico que envolve não apenas o núcleo de sangue, mas os parentes estendidos e o grupo de amigos. Além disso, devem gerir e apoiar os traumas derivados do homizio dos familiares, quando não se trata de lutos e mortes violentas de seus entes queridos. Justamente por causa dessa centralidade, as mulheres também desempenham um papel essencial no processo de ruptura do sistema da família mafiosa, processo que geralmente se inicia com a colaboração com a justiça.

Deixando de lado os aspectos, embora relevantes, da psique e do papel desempenhado pelas mulheres no âmbito mafioso,[4] eu gostaria de evidenciar aqui a parte ativa desses indivíduos na gestão do homizio de um parente.

Ao longo da minha experiência pessoal na busca dos foragidos mafiosos, nunca aconteceu de um chefão não ter contato com as mulheres da sua vida: mãe, irmãs, esposa, amantes ou filhas.

Salvatore Riina é o exemplo mais gritante dessa ligação, tendo convivido durante parte da sua clandestinidade com a mulher e os filhos, ao passo que Bernardo Provenzano, ao longo do seu homizio, nunca deixou de mandar um *pizzino* à amada companheira Saveria. Vito Vitale, Pino Guastella e outros foram encontrados graças às suas companheiras e amantes, plenamente envolvidas na proteção de sua incomunicabilidade.

Em casos extremos, as mulheres se envolveram em primeira pessoa na administração dos negócios criminosos da família. Lembro-me, por exemplo, de Giusy Vitale, irmã de Vito, que, durante o homizio do irmão, se preocupava em administrar as extorsões e até chegou a ser usada como cúmplice durante a execução de um homicídio.

Giusy Vitale foi presa após a captura do irmão e se tornou colaboradora da justiça.

O destino quis que Vito fosse identificado e preso graças a uma mulher, uma parente distante com a qual o chefão tinha uma relação sentimental.

Apesar disso, a mulher de Vitale manteve o próprio papel até o último momento e, no dia da captura do foragido, protestou embaixo dos escritórios do Esquadrão Investigativo contra a polícia e o Estado que tinham tirado dela o marido.

A mulher é o sustentáculo moral e psicológico do homem no âmbito de uma família "normal". Essa relação se torna mais aguda e se modela nos esquemas sociais e psicológicos transviados de uma família mafiosa, tornando-se assim característica e identificadora.

Apesar das dificuldades objetivas que deve enfrentar, que derivam do fato de ter "em casa" um foragido (buscas contínuas, dificuldade para obter autorizações e licenças, ser alvo de perseguições, interceptações etc.), a mulher consegue manter a solidez da família, educar os filhos ou netos de acordo com os valores próprios da cultura e da identidade mafiosa e alçar a posição do familiar a herói perseguido

As mulheres da máfia

injustamente pelo Estado, criando, assim, nos jovens, uma barreira antissocial que será difícil de destruir. Apesar das malvadezas cometidas e conhecidas pelas mulheres da família, o foragido mafioso será sempre o melhor marido, o melhor pai, o melhor irmão, o melhor amante.

Eis o que conta a mulher de um dos "coronéis" de Lo Piccolo que se tornou colaboradora da justiça após a prisão:

— Quando a senhora conheceu seu marido, sabia que ele era um "homem de honra"?

— Não! Eu sabia que ele era um pouco desregrado, que havia sido detido algumas vezes por causa de drogas, mas eu tinha apenas 16 anos e ele, dirigindo-se ao meu pai, me pediu em casamento.

— Mas, com o passar do tempo, percebeu que seu companheiro se dedicava a atividades não exatamente lícitas?

— Decerto. Poucos dias antes do nosso casamento, quando já estava tudo pronto, a polícia veio prendê-lo. Precisei obter permissão do juiz para me casar com ele.

— Em vista do nascimento da sua filha, a senhora nunca pediu para ele pôr a cabeça no lugar?

— Ele era assim mesmo! Conheci seus *amigos*... pessoas aparentemente muito gentis e educadas comigo... Quando meu marido decidiu fazer essa escolha (de colaborar com a justiça, n.d.a.), eu disse que sim... mesmo contra a vontade dos meus sogros! Esse era, e é, o único meio que temos para conseguir sair da Cosa Nostra.

A força das instituições

Os chefões foragidos são a expressão viva da força e da prepotência da Cosa Nostra.

Nos bairros periféricos de cidades como Palermo, Catânia e Nápoles ou nos pequenos vilarejos da Calábria ou da Campânia, o foragido é um ídolo para os mais jovens, um ícone a ser imitado pelos mais velhos e, para os adultos, seu status deve ser respeitado.

Sandro Lo Piccolo — jovem, rico, elegante e poderoso — é contemplado no Zen como um astro da canção, com a diferença de que o segundo canta ao passo que o primeiro atira.

De fato, a lenda nascida em torno à sua ferocidade e à sua vida de foragido foi exaltada por muitos, que veem no jovem chefão a imagem ideal, uma meta a ser atingida em termos de dinheiro, mulheres, poder e "honra". Não importa se o dinheiro é do tráfico de drogas ou das extorsões dos comerciantes do mesmo bairro; não importa se as mulheres são submissas a uma cultura que as vê relegadas ao papel de guardiãs de segredos ou pilares que sustentam o peso de toda uma família, já que os homens estão na prisão ou então são procurados e estão escondidos; o poder é o que todos conhecemos: a intimidação, a prepotência, a ferocidade das armas que se impõe em cada circunstância; a honra não é aquela conferida a quem se distingue no âmbito da coletividade, pelo contrário, trata-se de um valor transviado e antissocial dentro da organização criminosa, maior para quem é mais feroz.

Portanto, é necessário desacreditar e destruir esses mitos que também uma certa cinematografia e um determinado tipo de produção cultural contribuíram para alimentar. De fato, filmes, livros e canções facilitaram, mais ou menos inconscientemente, a criação de alguns estereótipos negativos. A "guerra" cultural é um instrumento importante, venha ela da escola, da família ou dos operadores do setor.

É necessário transmitir aos jovens que existe uma alternativa à máfia e que essa é o único caminho vencedor a ser seguido. Isso implica um forte investimento em termos estruturais, com a criação de escolas, ginásios, centros recreativos, bibliotecas, mas também delegacias e postos dos carabineiros. As pessoas devem perceber a presença do Estado, as ruas devem ser limpas, iluminadas, as casas devem ter água e gás, as áreas em estado de abandono devem ser recuperadas e voltar a ser desfrutadas.

Em Palermo, existem, ainda hoje, "zonas francas" nas quais o controle do território está nas mãos da criminalidade e as pessoas (não todas, obviamente) vivem na mais completa ilegalidade: se apropriam de bens comuns sem ter direito, fazem ligações abusivas à rede de distribuição de energia elétrica, água ou gás, abrem estabelecimentos comerciais sem alvará nem controle, ficam em casa sem fazer nada, esperando apenas um subsídio ou um emprego "presenteado" pelas administrações públicas, talvez através de uma indicação.

Tudo isso é intolerável e constitui um substrato fértil para o cultivo e o crescimento da cultura e da mentalidade mafiosas.

Eis então a necessidade de uma intervenção resoluta e forte de todas as instituições, nacionais e locais. Por um lado, para dar apoio às forças policiais com instrumentos e meios idôneos e de vanguarda, indispensáveis para enfrentar o crime organizado ou não, reconhecendo

Sandro Lo Piccolo, entre os agentes da Catturandi, assim que foi preso em Giardinello, em 5 de novembro de 2007.

assim também o profissionalismo do operador policial que, muitas vezes, por experiência própria, foi mortificado por escolhas legislativas iníquas e não idôneas. Uma recente pesquisa destacou que a polícia italiana é, dentre todas, a menos remunerada e incentivada da União Europeia. Por outro lado, é necessário requalificar, reorganizar e potencializar os recursos no território.

Para um resultado melhor na luta contra a máfia, seria necessário deixar de lado objetivos de carreira e interesses particulares e visar a um bem-estar coletivo e superior.

Como operador de primeira linha, acho que chegou o momento de tomar decisões fortes e inovadoras também no campo profissional em que estou inserido. Uma delas seria reduzir ao mínimo as sobreposições de competências e investigações. Se os carabineiros, por exemplo, estão trabalhando por ordem da magistratura na procura do foragido X, é pelo menos improdutivo, se não um verdadeiro desperdício de dinheiro, ter a polícia e a Guarda Fiscal fazendo o mesmo trabalho (sem falar da D.I.A., que, por sua vez, é formada por carabineiros, policiais e guardas fiscais).

Alguém pode afirmar que isso não pode acontecer porque a magistratura atua como filtro e coordena a Polícia Judiciária, mas, infelizmente, a sobreposição existe e resiste em meio à indiferença geral. Um outro exemplo: se os Carabineiros têm autorização para realizar a busca do foragido X, mas a polícia — desenvolvendo um trabalho relativo àquela associação mafiosa — e a Guarda Fiscal — no que diz respeito aos aspectos monetários da investigação — também o procuram, seria necessário que as três forças trabalhassem juntas, trocando informações e dividindo o território segundo as competências e o papel de cada órgão. Assim, a sinergia seria real e teria sentido. No entanto, cada um trabalha por conta própria, com os próprios recursos, conhecimentos e pessoal. Isso não passa de um dispêndio inútil

A força das instituições

de energias, sobretudo quando origina sobreposições e rusgas entre as polícias. Situação que só facilita a ação da máfia.

E aqui também entram em campo os políticos com suas reformas e estratégias de confronto que, em vez de cuidar de encontrar os financiamentos adequados para satisfazer as exigências operacionais do setor de segurança, continuam a fazer projetos de reordenação e alocação de fundos para estruturas, como a D.I.A. que, na minha modesta opinião, não têm mais motivo algum para existir, pois foram esvaziadas de seu papel investigativo original, tornando-se meras executoras de ordens da Direção Distrital Antimáfia.

A experiência demonstrou como os departamentos periféricos são os mais produtivos: esquadrões investigativos, núcleos operacionais dos carabineiros e da Guarda Fiscal são os órgãos que devem ser potencializados e ajudados, pois insistem no território, conhecem os problemas e produzem resultados constantemente.

Serviços Centrais, Grupos Operacionais etc. são necessários para a coordenação no território nacional e desempenham um papel importante de apoio aos departamentos periféricos. Então, por que não reforçá-los em vez de olhar para o outro lado? Julgo que o sacrifício e os custos da luta contra a máfia não podem e não devem mais recair quase que exclusivamente sobre alguns grupos de trabalho reduzidos (como os 43 homens da Catturandi de Palermo, para citar um deles) submetidos a turnos de serviço incríveis e expostos continuamente a riscos e perigos derivados de tal atividade.

Uma maior coordenação das forças em campo permitiria a otimização dos recursos, evitaria desperdícios inúteis e sobreposições e também possibilitaria uma distribuição melhor de ônus e prêmios.

Além dessas melhorias técnico-operacionais, legalidade, retidão, senso cívico e responsabilidade das instituições e dos cidadãos são uma arma vencedora na luta contra a máfia. Nenhuma mediação pode ser tolerada: é o Estado que deve responder às necessidades e às exigências dos cidadãos, impedindo assim que outros indivíduos — como os homens da Cosa Nostra — se intrometam nessa relação.

Se, em Ciaculli, Tommaso Natale, Crullas, Zen, Borgo Vecchio, Noce, todas regiões históricas de Palermo, as festas de bairro devem ter a autorização dos chefões e ser financiadas pelas instituições locais graças às relações pessoais entre os mafiosos e alguns administradores complacentes, nada será capaz de mudar as coisas. Nem mesmo a prisão de Lo Piccolo.

Se, para obter os fundos para incrementar a procissão do patrono da região, o pároco de um bairro em risco faz de conta que não sabe quem está oferecendo o dinheiro, ele está dando força à máfia e uma punhalada a mais nos vários sacerdotes corajosos que, por se oporem à Cosa Nostra, foram assassinados.

Se, para driblar a lista de espera no hospital e obter uma consulta com um especialista, nos dirigimos ao "patrão" do bairro, e não às instituições, a máfia consolida seu poder.

É justamente aí que reside, histórica e infelizmente ainda hoje, sua força: a marginalidade se substitui ao Estado, satisfazendo as necessidades e exigências dos cidadãos de maneira mais rápida, estruturada e organizada. Se continuarmos assim, não bastarão mil capturas.

Um caso é gritante a esse propósito: durante o apagão que aconteceu em Palermo no verão de 2007, houve muitas dificuldades. A Policlínica e o Hospital Cívico, os dois pontos nevrálgicos da assistência médica local, foram postos à prova por causa da falta prolongada de energia elétrica. E, além dos hospitais, correram o risco de paralisia todas as atividades da cidade. Porém, em uma rua na qual residiam durante as férias certos poderosos "senhores", a luz só faltou por poucos minutos, porque um solerte funcionário da companhia elétrica, requisitado por alguns telefonemas "amigáveis", enviou ao local um esquadrão de operários que resolveu o problema quase imediatamente. E é o que também acontece se os mafiosos precisam que seja feita a ligação

A força das instituições

de água ou gás, licenças de qualquer tipo, autorizações e tudo o mais. Nunca há problema algum nem entrave burocrático.

Enfim, uma casta de privilegiados. E é a mentalidade difundida de recorrer ao "amigo chefão" que reforça seu poder e não deve mais ser tolerada.

Em uma proposta de lei redigida por um "técnico antimáfia", um exímio professor de direito penal da Universidade de Palermo, o comportamento que acabei de mencionar do funcionário da companhia de eletricidade seria tipificado e punido como delito.

É claro, o endurecimento das penas pode ser um dissuasor, mas é a mentalidade do siciliano, do calabrês e do campano que deve mudar. Para isso, serão necessários anos de trabalho árduo, mas, principalmente, investimentos culturais e estruturais por parte do Estado. A luta contra a máfia e a extorsão deve se tornar realmente uma altíssima prioridade das instituições e da sociedade civil.

É estranho dizer isso, mas Bernardo Provenzano, graças também ao apoio da sua companheira Saveria, conseguiu manter fora do ambiente mafioso e do clã seus dois filhos, Francesco Paolo e Angelo, protegendo-os, paradoxalmente, de uma associação criminosa que ele mesmo comandou e ajudou a reforçar.

Todavia, os filhos de Provenzano certamente não podem apagar da noite para o dia a marca do sobrenome e a fama de seu incômodo pai. Francesco Paolo, para encontrar trabalho, emigrou para a Alemanha; já Angelo não conseguiu obter do Estado o alvará para abrir uma atividade comercial.

Voltando aos operadores das forças de segurança, nossa vida não é simples. Uma prova é o desdém com o qual a máfia fala de nós. Durante uma interceptação, a mulher de um foragido, conversando com alguns parentes, dizia: "Os tiras estão com raiva porque não ficam com as mulheres, que os traem."

Além do aviltamento, ao qual estamos normalmente acostumados, a mulher apontou uma verdade: é difícil manter um casamento quando um marido ou uma mulher estão fora de casa quase todas as noites, quando não podem assumir compromissos para o futuro e nem mesmo para o dia seguinte, quando voltam para a família cansados e nervosos e até mesmo a normal confusão doméstica é um incômodo. Se existem filhos, as coisas se complicam ainda mais.

Entretanto, existe uma artimanha para aguentar tudo isso: de vez em quando, é necessário desligar da tomada, assumir pequenas responsabilidades, cuidar dos filhos mesmo que seja apenas nos poucos recortes de tempo que permanecem livres, ou então organizar um jantar com os amigos para se distrair e dar uma aparência de normalidade a uma vida que, por causa do trabalho, não tem nada de normal. Sobretudo na Sicília.

Aqui, não trabalhamos por ambição de carreira nem pelo salário, mas por um ideal: livrar-nos da ditadura mafiosa para podermos olhar para o amanhã com mais otimismo e esperança.

A captura de Salvatore Lo Piccolo

Quando decidi dar forma a este livro, era agosto de 2007 e os Lo Piccolo ainda estavam foragidos. Claro, durante os meses seguintes, percebi que as investigações estavam apertando, mas, sinceramente, não esperava tê-los capturado já em novembro.

A desilusão ainda era forte, visto que todos (exceto um colega visionário) esperavam que, na casa em Via Salerno, estivesse escondido Sandro Lo Piccolo, e não um de seus colaboradores íntimos, como Francesco Franzese.

Mas vamos começar do início para explicar como chegamos à batida policial no bairro de Partidinello di Giardinello.

A Divisão Catturandi, depois das Operações Grande Mandamento e Gotha, que levaram para a cadeia a grande maioria dos favorecedores de Provenzano, foi subdividida em dois grupos de trabalho: uma parte, incrementada pela presença dos homens do Serviço Operacional Central de Roma, foi posta sob o comando de Renato Cortese, constituindo o já famoso Grupo Duomo, cujo objetivo era capturar justamente Provenzano; a outra parte da divisão, guiada por Cono Incognito se dedicava à tarefa de capturar Salvatore e Sandro Lo Piccolo.

A história das atividades realizadas para a captura de Bernardo Provenzano não é mais um mistério para ninguém, portanto, vou me concentrar exclusivamente na parte relativa à prisão dos Lo Piccolo, especificando, porém, que parte do pessoal do Grupo Duomo, após a captura do seu objetivo, voltou para a divisão para auxiliar os colegas na outra investigação.

Como nas mais clássicas investigações desse tipo, quando não há notícias frescas do procurado, começamos sempre com a observação da sua "família de sangue". Enquanto isso, um grupo específico se ocupa da releitura de tudo o que, ao longo dos anos, veio à tona a respeito do "alvo", a fim de redigir um perfil e destacar eventuais elementos investigativos.

Foram postos em prática, portanto, todos os procedimentos de vigilância e observação descritos na primeira parte deste livro e, em especial, começamos a monitorar de maneira precisa as movimentações de Claudio Lo Piccolo e de sua mãe, Rosalia Di Trapani, respectivamente filho e esposa de Salvatore.

Ao longo dos meses, foram realizados milhares de averiguações e controles sobre todos os personagens que circulavam em torno dos dois foragidos e, especialmente, sobre aqueles que frequentavam o lava-rápido de propriedade de Claudio Lo Piccolo.

Dentre esses personagens, alguns tiveram mais destaque, porque já eram conhecidos como comparsas históricos dos Lo Piccolo e também porque, nas interceptações, veio à tona seu envolvimento pleno no caso.

Tratava-se de Domenico e Nunzio Serio, esse último detido, mas ainda capaz de dar ordens por meio do irmão livre.

Concentrando a atividade nos Serio, detectamos claramente que eles, sem desempenhar nenhuma atividade de trabalho, dedicavam o dia inteiro à gestão dos tráficos ilícitos para os Lo Piccolo.

Domenico Serio, em especial, era auxiliado nas "movimentações" por um personagem quase desconhecido das forças de segurança, Antonino Nuccio, preso junto com Franzese na casa de Via Salerno.

A captura de Salvatore Lo Piccolo

Esse auxílio derivava do fato de que Serio era uma pessoa conspícua demais para os investigadores e, consequentemente, quando precisava se encontrar com outros chefões ou levar mensagens ao foragido, preferia utilizar Antonino Nuccio, apelidado de "Pizza".

A dinâmica parece muito simples, mas não é.

Nuccio, antes de chegar à casa na qual Franzese se escondia, ia até o Zen, onde, por motivos óbvios, a polícia não podia entrar sem causar alarme no bairro e nos olheiros de plantão.

Era necessário cercar todo o bairro com pessoal à paisana e mandar algumas patrulhas com um único agente para dentro daquela área em busca de Nuccio, que, enquanto isso, graças à cumplicidade de outros favorecedores, trocava de carro, tomando cuidado para não circular sempre com o mesmo meio de transporte.

Uma vez que "Pizza" era avistado a bordo do novo veículo, todas as patrulhas que cobriam as ruas possíveis eram avisadas.

Da primeira vez, Nuccio conseguiu escapar do cerco da polícia porque entrou com uma motocicleta na contramão de uma rua, portanto, era impossível segui-lo sem revelar que alguém estava no seu encalço.

"Um a zero para ele", comentamos, mas, da vez seguinte, estaríamos prontos. E foi o que aconteceu.

Tendo armado um serviço de observação do alto com uma poderosa luneta, era possível registrar de longe os movimentos de Nuccio, que foi "tomado em consignação" na saída da rua percorrida na contramão por duas patrulhas com apenas um dos nossos agentes em cada uma.

Como da primeira vez, Nuccio trocou de automóvel e foi antecipado por um estafeta que servia para escoltá-lo e avisá-lo caso houvesse patrulhas na área.

Mas o homem, também daquela vez, conseguiu despistar os carros e motos deslocados nas ruas. Todavia, embora o placar estivesse em dois a zero para ele, tínhamos dado um outro passo para frente: notamos, de fato, que Nuccio entrou em uma transversal que saía em

CATTURANDI

Piazza di Cruillas e, depois, foi visto novamente na volta, enquanto descia por Viale Michelangelo. A área circunscrita era enorme, mas um centímetro a mais rumo ao covil havia sido conquistado.

Câmeras foram colocadas em todos os cruzamentos possíveis e pessoal camuflado foi utilizado nas ruas que julgávamos que nosso indivíduo poderia percorrer. Eu mesmo, em várias ocasiões, por causa das temperaturas estivais, fiz rondas a pé por Via Michelangelo, indo e vindo para vigiar a entrada de algumas ruelas, dentre as quais, exatamente Via Salerno. Outros colegas, usando bicicletas ou motos, circulavam continuamente, sem parar. O cerco estava se fechando.

Registrávamos periodicamente as movimentações de pessoas que levavam algo a Serio, provavelmente dinheiro ou mensagens para o foragido que julgávamos que pudesse ser Sandro Lo Piccolo. Serio, em seguida, se encontrava com Nuccio e esse último dava prosseguimento à movimentação.

Finalmente, no fim de setembro, um colega viu Nuccio e o estafeta entrando em Via Salerno, mas, daquela rua, saiu em seguida apenas o estafeta, e não Nuccio.

Ele só reapareceria algumas horas mais tarde em uma rua limítrofe.

Àquela altura, o jogo parecia estar decididamente a favor dos Lo Piccolo, mas, depois, nós o vencemos, marcando um único e decisivo gol. De fato, Via Salerno se tornou nosso objetivo primário e, em 2 de agosto, após termos seguido toda a movimentação que ele costumava realizar antes da visita ao covil, Nuccio foi visto entrando por um portão na direção da casa em que, alguns minutos mais tarde, seriam presos o próprio Nuccio, o foragido Francesco Franzese, braço direito de Sandro Lo Piccolo, e os donos daquela moradia.

Os Lo Piccolo não estavam lá, mas o covil e Franzese foram o início de uma nova investigação cerrada.

Durante a busca, foram encontrados os *pizzini* a serem entregues a Sandro Lo Piccolo, ao passo que outros já haviam ido parar na descarga do banheiro.

A Polícia Científica, que interveio no local, conseguiu salvar quase todos os *pizzini*, e sua análise permitiu que o grupo de trabalho se deslocasse para efetuar buscas fora de Palermo, na região de Terrasini e Montelepre.

De fato, entre os *pizzini* encontrados, Franco Franzese e Sandro Lo Piccolo mencionavam um encontro que aconteceria no Zucco. Mas a coisa mais importante e surpreendente para nós foi saber que Sandro estaria na companhia do pai.

Foram necessárias várias semanas de investigações cerradas: todos trabalhando e danem-se as férias. Procuramos nos arquivos todos os possíveis Zucco, que poderia ser um sobrenome, uma "*'nciuria*" (apelido) ou uma localidade.

No final, graças a uma boa dose de sorte que nunca faz mal, conseguimos chegar a um pequeno empresário de Cinisi acima de qualquer suspeita. Vito Palazzolo.[5]

Palazzolo, sem antecedentes criminais, era filho de um "homem de honra" da família próxima ao velho chefão Tano Badalamenti, que foi eliminado pela própria organização nos anos da segunda guerra da máfia.

Homem "reservado", Palazzolo era também cunhado de um tal Coppola, parente do mais famoso Dom Agostino Coppola, o pároco que casou Totò Riina e Ninetta Bagarella durante o homizio do chefão corleonense.

O perfil de Palazzolo correspondia perfeitamente ao tipo de pessoa que esperávamos encontrar como "elo um" ou até mesmo como "elo zero": sem antecedentes criminais, mas com um *pedigree* que impunha respeito. Além disso, os Coppola têm várias propriedades em Zucco, entre Montelepre e Giardinello, e isso só aumentou as suspeitas dos nossos "caçadores".

Foram montados todos os serviços clássicos de observação: câmeras que filmavam o *bed and breakfast* da família; GPS no automóvel

Franco Franzese nos escritórios da Catturandi após sua prisão, em 2 de agosto de 2007.

A captura de Salvatore Lo Piccolo

utilizado por Palazzolo; averiguações cadastrais e patrimoniais de toda a sua família e, naturalmente, as interceptações telefônicas.

Em 10 de outubro, aconteceu o que todos nós aguardávamos e esperávamos: Vito Palazzolo fez uma movimentação muito estranha, deixou o próprio carro, alugou outro e, junto com uma outra pessoa com um segundo carro alugado, se dirigiu para os arredores de Giardinello.

A situação era delicada: as perseguições eram difíceis e, sobretudo, o pessoal na rua conhecia pouco o território.

Os dois veículos, seguidos à distância, começaram a ir e voltar, acelerando e, depois, de repente, desacelerando: estratagemas típicos para evitar perseguições.

Decidimos, contra a nossa vontade, interromper a atividade na rua ao mesmo tempo em que a área de trabalho ficava cada vez mais circunscrita e limitada a um perímetro de câmeras e pontos de observação que trabalhavam 24 horas por dia.

Por motivos de investigação, devo omitir muitos detalhes, mas o que aconteceu no mês de outubro permitiu, em seguida, que esse grupo de trabalho excepcional restringisse ainda mais a área de interesse, identificando na já então conhecida fazenda de Filippo Piffero a casa à qual suspeitávamos que Vito Palazzolo e seus companheiros, como Vincenzo Giuseppe Di Bella, de Montelepre, conduziam os foragidos para as reuniões. O que aconteceu às 9h50 do dia 5 de novembro de 2007 foi o resultado dessa longa e trabalhosa investigação. Foram capturados quatro foragidos durante uma importante reunião: Salvatore Lo Piccolo, seu filho Sandro, Andrea Adamo e Gaspare Pulizzi entregaram as armas e se renderam aos 43 homens e mulheres da Divisão Catturandi de Palermo.

O covil do bairro Partidinello, onde foram presos os Lo Piccolo junto com Filippo Piffero, Andrea Adamo e Gaspare Pulizzi.

Helicóptero da polícia, em Giardinello, do qual desceram alguns homens que participaram da batida de 5 de novembro de 2008.

Salvatore Lo Piccolo, com o olhar submisso, espera a chegada dos automóveis que o levarão do covil até os escritórios do Esquadrão Investigativo.

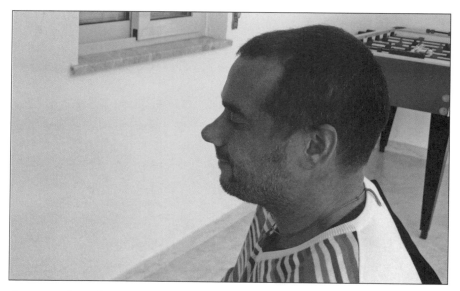

Gaspare Pulizzi alguns minutos depois da captura, com os Lo Piccolo e Andrea Adamo.

O chefão Andrea Adamo desce da viatura da Catturandi para entrar nos escritórios do Esquadrão Investigativo entre os policiais em festa.

A caça continua

A luta à máfia certamente não termina com a captura dos Lo Piccolo, assim como não chegam ao fim as investigações para a busca e captura de outros foragidos. Outros chefões já os substituíram, novos e velhos mafiosos continuam a administrar e comandar os negócios da Cosa Nostra, portanto, a mítica divisão Catturandi voltou a trabalhar.

Talvez Matteo Messina Denaro, procurado desde 1993 por associação mafiosa, homicídio, chacina, devastação, detenção e porte de material explosivo, furto etc., seja o novo "alvo" prioritário para a nossa divisão.

Ou então Domenico Raccuglia, o chefão de Altofonte, que foge da captura desde 1996 e é acusado de homicídio, associação mafiosa e outros delitos, tendo sido condenado em definitivo à prisão perpétua.

Há alguns anos, sua mulher consegue escapar do controle cerrado dos carabineiros e, no período de verão, desaparece misteriosamente para, em seguida, reaparecer no início do novo ano letivo.

A mulher de Totuccio Lo Piccolo também conseguiu escapar durante dois anos seguidos, mas isso, como vimos, não foi um obstáculo e, no final, nós, "caçadores", pegamos a "presa".

Da mesma forma, mais cedo ou mais tarde, cairá o jovem emergente Giovanni Nicchi, nascido em 1981, foragido desde 2006, procurado por associação mafiosa, extorsão etc., além de condenado à morte pelo próprio Salvatore Lo Piccolo.

De qualquer maneira, quem quer que seja o novo alvo, nós da Catturandi estaremos sempre a postos, prontos e operacionais, para entregá-lo o mais rápido possível à justiça.

Clark Kent, não Super-Homem

No imaginário comum, os homens e mulheres da Divisão Catturandi são vistos como Super-Homens ou Mulheres Maravilha, bem-adestrados e armados até os dentes, de posse dos mais recônditos segredos ligados à máfia, capazes de se camuflar e penetrar nas casas sem nunca serem descobertos. A filmografia, bem como alguns artigos da imprensa, exaltaram seus dons físicos, além de sensuais,[6] e mais de uma vez já ouvi algumas gentis senhoras dizerem que imaginavam encontros românticos com belos policiais com o rosto coberto por aquela espécie de balaclava usada para preservar a identidade de quem, na polícia, desempenha atividades arriscadas.

Não quero, de forma alguma, destruir esse mito, pelo menos para não estragar a tática daqueles rapazes que, para fazer bonito diante de uma desconhecida, contam que são policiais e, depois, com um sussurro (mas bem audível...), revelam que fazem parte da Catturandi.

Parece incrível, entretanto, acontece com mais frequência do que se pode imaginar.

A verdade, porém, é que ninguém sabe como são os homens e mulheres da Catturandi, e ninguém deve saber. Porque, mais do que Super-Homem e Mulher Maravilha, na vida cotidiana, eles se parecem com Clark Kent.

A força desse grupo, aquilo que o torna especial, é, na verdade, sua absoluta normalidade.

São pessoas que, como eu, se levantam de manhã e acompanham os filhos até a escola, fazem compras e brigam com os preços para fechar as contas, muitas vezes no vermelho. São pessoas que moram em casas normais, jogam totó com os amigos ou apostam uma corrida de bicicleta, acompanham os jogos do Palermo no estádio ou na frente da TV e brigam por causa de esporte, política e outros assuntos.

Muitas vezes, quando acontece algo engraçado no escritório ou fora, rimos como loucos na patrulha. Alguém contou uma piada que diz: "Se Provenzano soubesse quem o capturou, cortaria o próprio rosto com pão duro." No sentido de que, talvez, vendo-os em sua vida cotidiana, ficaria decepcionado.

Isso para não diminuir o profissionalismo ou os dons dos policiais que fazem parte de um esquadrão realmente especial, mas apenas para sublinhar que eles são — ou melhor, que nós somos — pessoas absolutamente normais que têm a experiência como guia e vontade de combater e lutar por um ideal de justiça que acreditamos ser real e concreto. Não é um filme, não é uma ilusão.

Notas

Notas

[1] WEBER, Max. *Economia e società*. Milão: Edizioni di Comunità, 1961.

[2] Isso se encaixa perfeitamente no sistema de comunicação de tipo mafioso descrito anteriormente.

[3] O "familismo amoral" é um conceito sociológico desenvolvido por Edward C. Banfield em seu livro *Moral Basis of Backward Society*, de 1958.

[4] Para mais aprofundamentos sobre a psique mafiosa, vide LO VERSO, Girolamo; LO COCO, Gianluca. *La psiche mafiosa: storie di casi clinici e collaboratori di giustizia*. Milão: Franco Angeli, 2002.

[5] Alguns importantes indícios foram revelados justamente por Franzese, que, pressionado pela perspectiva de uma longa prisão, começou a colaborar conosco, investigadores da Catturandi.

[6] Vide, por exemplo, o artigo escrito no periódico *S* pela jornalista Giuzy Torregrossa, que, unindo arte culinária e erotismo, descreveu, talvez por pura imaginação, uma bela aventura com "Nervi", policial da Catturandi.

Referências

CALESINI, Giovanni. *Leggi di pubblica sicurezza ed illeciti amministrativi.* Roma: Laurus Robuffo, 1993.

CAMILLERI, Andrea. *Voi non sapete. Gli amici, i nemici, la mafia, il mondo nei pizzini di Bernardo Provenzano.* Milão: Mondadori, 2007.

COSTANTINO, Salvatore. *Criminalità e devianze, società e divergenze, mafie e stati nella seconda modernità.* Roma: Editori Riuniti, 2004.

COSTANTINO, S.; FIANDACA, G. (orgs.). *La mafia le mafie.* Roma: Laterza, 1994.

DEPARTAMENTO DE JUSTIÇA DOS ESTADOS UNIDOS; Departamento Federal de Investigação. Carta ao então chefe da polícia italiana, Ferdinando Masore. 26 ago. 1996.

DI FRANCO, Vito. *Diritto di polizia e politiche di sicurezza.* Nápoles: Simone, 2003.

GALASSO, Alfredo. 30 anni di mafia. Suplemento n. 11 de *Avvenimenti.*

GALUZZO, Lucio; NICASTRO, Franco; VASILE, Vincenzo. *Obiettivo Falcone. Magistrati e mafia nel Palazzo dei Veleni.* Nápoles: Tullio Pironti, 1989.

IADECOLA, G. *Diritto costituzionale italiano-europeo con elementi di diritto internazionale.* Roma: Laurus Robuffo, 2002.

INGLETTI, Vito. *Diritto di polizia giudiziaria.* Roma: Laurus Robuffo, 2006.

JERVIS, Giovanni. *Manuale critico di psichiatria.* Milão: Feltrinelli, 1976.

LO COCO, G. Famiglia e crisi del pensiero familiare nello psichismo mafioso. *Terapia Familiare,* n. 56, 1998.

LO COCO, G.; LO VERSO, G. (org.). *La psiche mafiosa. Storie di casi clinici e collaboratori di giustizia.* Milão: Franco Angeli, 2003.

LO COCO, G.; LO VERSO, G. La mafia dentro: questioni psicopatologiche. *Psichiatria e Psicoterapia Analitica,* v. 17, n. 4, 1998.

_____. Psichiatria e pensiero mafioso. Spunti di riflessione legati ad un percorso di ricerca. Artigo publicado em <www.pol-it.org>.

CATTURANDI

LUCCHETTI, Luigi. *Comunicazione per la polizia di prossimità*. Roma: Laurus Robuffo, 2005.

MARINO, G. Carlo. *Storia della mafia*. Roma: Newton & Compton, 2000.

NICOLA, Ubaldo. *Antologia di filosofia. Atlante illustrato del pensiero*. Verona: Demetra, 2000.

PALAZZOLO, Salvo; PRESTIPINO, Michele. *Il Codice Provenzano*. Roma: Laterza, 2007.

Relatório 1992. Mafia. Politica. Affari. Palermo: La Zisa, 1992.

SABELLA, Alfonso. *Cacciatore di mafiosi*. Milão: Mondadori, 2008.

STAJANO, Corrado. *Mafia. L'atto d'accusa dei giudici di Palermo*. Roma: Editori Riuniti, 1986.

VIGNA, Piero Luigi. *I codici per l'udienza penale*. Roma: Laurus Robuffo, 2005.

Posfácio

de Salvatore Costantino*

I.M.D. foi meu aluno e, sob minha orientação, se formou com uma brilhante tese empírica sobre a máfia chinesa em Palermo. Posteriormente, colaborou para diversas iniciativas e pesquisas minhas sobre a máfia, a legalidade e o desenvolvimento. Nossa colaboração prossegue, dependendo da compatibilidade dos seus e dos meus compromissos, com a pesquisa sobre esses temas e também sobre outros, mais gerais, que dizem respeito às relações entre a máfia siciliana e a máfia americana e a questões relativas à formação qualificada no entrelaçamento legalidade-desenvolvimento e às políticas públicas contra a extorsão e a máfia.

Nos poucos intervalos permitidos pela intensa atividade de investigação como policial da Catturandi (tocaias, escutas repetidas de conversas interceptadas, decifradas e reinterpretadas, perseguições, filmagens) que levou a capturas excelentes, desde Provenzano até os Lo Piccolo, ele me falou deste livro que, então, me foi apresentado sob a forma de anotações, das quais vinha à tona um conjunto de

---

* Professor titular de sociologia jurídica, Faculdade de Ciências Políticas, Università degli Studi di Palermo.

interessantes considerações a respeito das novas tecnologias investigativas, dos seus estados de espírito, das avaliações sobre a Cosa Nostra e a ação de enfrentamento. Tudo isso junto com uma grande vontade de relatar, de comunicar suas experiências, de influir, se possível, nos percursos de formação, de socializar não apenas um patrimônio acumulado ao longo de operações policiais de grande importância, mas, sobretudo, sua reelaboração crítica, filtrada através da atividade de estudo e de pesquisa.[1] I.M.D. representa muito bem essa fase de qualificação em campo, por assim dizer, das forças de segurança, de eficácia e eficiência da atividade de enfrentamento, de crescimento dos conhecimentos e da capacidade de se valer das tecnologias mais avançadas na luta contra a máfia. Trata-se de um dado reconfortante que, embora ainda não possa ser generalizado, emerge das pesquisas mais recentes que realizamos em Palermo e na Sicília sobre os temas da máfia e da antimáfia, da extorsão, da usura e das associações antiextorsão.

A primeira pesquisa de destaque nacional (PRIN) sobre processos de vitimização e programas de apoio às vítimas: duas realidades contrapostas, a Emília-Romanha e a Sicília, com uma parte dedicada especificamente aos processos de vitimização e programas de apoio às vítimas da extorsão e da máfia na Sicília, está sendo publicada pela editora Franco Angeli, com a organização de A. Balloni, R. Bisi e S. Costantino.

A segunda pesquisa sobre a extorsão e a usura em Palermo e província foi realizada entre as 77.781 empresas inscritas na Câmara de Comércio de Palermo com uma amostra arrazoada de 107 empresas, selecionadas com base em algumas características consideradas úteis para a pesquisa — localização territorial, setor de atividade etc. (COSTANTINO; MILIA, 2008).

A terceira é um Grupo de Discussão sobre o desenvolvimento, a cooperação, a legalidade na Sicília e as sinergias possíveis, do qual participaram diversos protagonistas das políticas para a legalidade e o desenvolvimento em âmbito nacional e local (COSTANTINO, 2008).

Posfácio

Incentivei meu ex-aluno a levar a cabo seu trabalho, não apenas por causa do seu conteúdo na atual e importantíssima fase de luta contra a criminalidade mafiosa, da sua singularidade e importância na já transbordante profusão de documentos sobre a máfia, mas também porque me senti pessoalmente orgulhoso com a constatação de que, de alguma maneira, influí em suas análises e reflexões.

Julgo o livro exemplar por alguns motivos de base que tentarei expor brevemente.

Primeiro, o relato de I.M.D. é fortemente permeado pelo espírito de confiança na atual fase de luta contra a extorsão e a máfia. Trata-se de uma confiança que não é abstrata, mas que está ligada a uma experiência concreta, que demonstra que derrotar a máfia é possível.

Confiança no papel fundamental das forças de segurança, em primeiro lugar, e da magistratura, que, valendo-se das tecnologias investigativas adequadas e de pessoal altamente especializado, demonstraram que o Estado, quando combate com constância e determinação, consegue vencer, recuperando autoridade e confiança e voltando a ser o garante legítimo da proteção do cidadão.

A partir desse ponto de vista, ainda é válida e atual a lição de Max Weber, oportunamente citado por I.M.D., que havia captado com enorme precisão o peso e o valor dos aspectos fundamentais da confiança e da proteção como fundamentos do Estado de Direito, tornando-o mais atraente e importante do que a mera e estática definição segundo a qual o Estado é o monopólio do uso da força física legítima.[2]

Em *Economia e Sociedade*, na seção dedicada às "Categorias sociológicas fundamentais da economia" em um capítulo intitulado "O financiamento dos grupos políticos", Max Weber identifica a relação mais direta entre a economia e os grupos com orientação extraeconômica no "modo de obter prestações de utilidade para a ação do grupo". Segundo Weber, a "dotação de prestações de utilidade produzidas economicamente pode ser reconduzida a alguns tipos mais simples, entre os quais o financiamento intermitente, que pode acontecer com base em prestações puramente voluntárias ou extorquidas". É surpreendente constatar como Weber — e esse é um aspecto frequentemente ignorado — liga a tipologia das prestações extorquidas à Camorra, à Máfia e a alguns grupos semelhantes existentes na Índia e na China ou a seitas e associações secretas com "aprovisionamento econômico afim". Essas prestações — observa Weber — muitas vezes assumem o caráter de "depósito periódico" em troca de determinadas "contraprestações", especialmente "garantias de segurança". E, em termos de venda de confiança, proteção e segurança — como substituta da confiança — parece que se desenvolvia a reflexão weberiana sobre a Máfia e a Camorra, como é possível detectar em uma declaração que o próprio nos fornece em *Economia e Sociedade*. Weber escreve:

"Eis a observação de um fabricante, feita há cerca de vinte anos, em resposta às dúvidas sobre a eficácia da Camorra no que diz respeito à empresa: 'Senhor' — foi a resposta — 'a Camorra me toma X liras por mês, mas garante a segurança. O Estado me toma dez vezes mais e não garante nada'." (WEBER, 1968, v. 1, p. 195).

O investimento de confiança no sistema mafioso é a base a partir da qual se produz e se reproduz a subcultura mafiosa. Dessa maneira, os processos de hibridação difundidos pelas pequenas redes mafiosas penetram também os mundos vitais, envolvendo a personalidade, a cultura e a família.

O sistema de poder mafioso, com suas ramificações no sistema político-administrativo, na economia, na cultura e em toda a sociedade siciliana, de fato impediu que se desenvolvesse uma cidadania que voltasse concretamente a *investir em confiança* no Estado como artífice fundamental crível da segurança e da proteção. Não são questões que remontam a um passado mais ou menos recente. Estamos falando da mais ardente realidade, como confirmam algumas recentes e respeitáveis tomadas de posição logo após as prisões excelentes dos mais

Posfácio

importantes chefes dos bandos mafiosos, que merecem nossa atenção porque, de alguma maneira, têm a ver com algumas avaliações feitas por I.M.D. em seu livro.

O historiador Massimo L. Salvadori, refletindo sobre a "questão meridional", argumenta que, passado quase um século e meio da publicação das célebres pesquisas de Sidney Sonnino e Leopoldo Franchetti sobre as condições sociais, políticas e morais das províncias de Nápoles e da Sicília que esclareceram as dramáticas condições do sul da Itália (e são consideradas não apenas um importante ponto de referência para a análise social, mas também a *origem* das duas "questões" fundamentais que marcaram e marcam até hoje o debate atual: a *questão meridional* e a *questão mafiosa*), afirma que, lendo as conclusões daquelas pesquisas, ficamos atônitos, "pois parece que, em aspectos decisivos, a situação permaneceu inalterada" (SALVADORI, 2008).

"A economia, as relações de propriedade, os modos de produção, as estratificações sociais mudaram, mas é como se essa mudança não tivesse surtido efeito em uma parte grande demais da mentalidade, dos costumes, dos modos de fazer política e de gerir o poder, dos comportamentos e do espírito de quem está no alto e de quem está embaixo. Portanto, a questão meridional não está absolutamente encerrada, mas permanece como um componente, ou até mesmo como o cerne, da 'questão italiana'." (SALVADORI, 2008) Permaneceram sendo vãos os esforços dos meridionalistas de diferentes tendências que apelavam para o papel moralizador do Estado central, em contraposição às "vermineiras locais", sob a iniciativa de uma nova classe dirigente para regenerar o costume corrompido. Porém, apesar de grandes batalhas e sucessos parciais, afirma Salvadori, "não conseguiram pôr fim, ou, pelo menos, marginalizar a mistura de mercantilismo e clientelismo, o saqueio dos recursos públicos, a corrupção difusa, o entrelace das colusões entre setores influentes dos partidos e as perversas organizações criminosas capazes de dobrar, segundo seus interesses, setores conspícuos da política, da administração, da economia e até mesmo franjas da magistratura e das forças de segurança" (SALVADORI, 2008).

"O que veio à tona recentemente na Campânia e na Sicília demonstra tudo isso claramente: traição da ética pública e do interesse geral por parte de quem governa, incompetência e indiferença diante da gestão do território, desperdício e saqueio de um mar de dinheiro, práticas empreguistas humilhantes, bolsões de insalubridade imperante, reivindicação de inocência por parte das autoridades regionais segundo o espírito do jogo de empurra." (SALVADORI, 2008)

Se, depois de um século e meio, um historiador do nível de Salvadori fala da situação siciliana e campana retomando a análise de Franchetti, parece totalmente evidente o radicalismo com o qual é necessário reconsiderar as políticas e estratégias contra a criminalidade mafiosa, bem como para o desenvolvimento da Sicília e do sul, com a convicção de que elas foram totalmente inadequadas para conjugar construção do Estado de Direito, formação, recuperação econômico-social do sistema político-administrativo e desenvolvimento. A legalidade é frágil sem desenvolvimento, e o desenvolvimento com credibilidade é impossível sem legalidade. Do mesmo pessimismo de Salvadori estão permeadas as avaliações de Ernesto Galli della Loggia, que chega a falar de um "sul sem voz": "Não há mais espaço para a 'questão meridional', há anos que não ouvimos mais nada a respeito" (DELLA LOGGIA, 2008).

"Foi entre o fim dos anos 80 e o início dos anos 90", escreve Della Loggia, "que, aos olhos dos italianos, a imagem do sul parou de se identificar com a de uma miséria antiga e se tornou a do crime organizado. Talvez por causa da vasta fraude campana ligada ao terremoto em Irpínia, dos atentados mafiosos que culminaram na eliminação de Lima, Falcone e Borsellino ou da presença nos últimos governos Dc-Psi de uma miríade de ministros meridionais paladinos de um clientelismo arrogante e dissipador, ficou claro que, no sul, a questão não era de dinheiro, mas de alguma outra coisa" (DELLA LOGGIA, 2008).

Posfácio

Justamente nos anos levados em consideração por Galli della Loggia, a extorsão já era um fenômeno difuso e consolidado, tendo-se já verificado uma submissão das vítimas e das empresas aos custos da extorsão-proteção com gravíssimas consequências para o consumo, a legalidade, os processos de inovação, os tempos e a qualidade do desenvolvimento.

Refletindo sobre a decapitação das organizações mafiosas de Palermo e o nascimento da associação antiextorsão Libero Futuro [Futuro Livre], um escritor daquela cidade, Marcello Benfante, no meio dos sucessos do Estado, chega a afirmar que "a decifração do arquivo contábil de Lo Piccolo fez vir à tona com uma triste evidência o retrato de uma cidade estrangulada pelo *pizzo*, esmagada pelo seu pesado silêncio e sua indolência. O fato de tudo isso ser conhecido e até mesmo estar inscrito na categoria metafísica da "irredimibilidade" não atenua em nada a soturnidade da imagem" (BENFANTE, 2008). A crueza da imagem se sintoniza com a crueza da argumentação do historiador Salvadori. É forte em ambos a consciência do radicalismo e da profundidade do processo de libertação da máfia e do desenvolvimento do sul.

"Ainda há muita estrada a ser percorrida", escreve ainda Benfante, "rumo a um futuro livre da máfia, embora alguns, como os empresários Vincenzo Conticello e Rodolfo Guaiana, já tenham corajosamente enveredado por esse caminho e atuado como desbravadores. Palermo, aliás, se confirma como uma cidade de dupla face, um Jano bicéfalo: de um lado, exprime o talento de um ator versátil e sensível como Claudio Gioè; do outro, confirma uma arraigadíssima ideologia de apoio à máfia que, na epopeia de 'Il Capo dei Capi' ['O Chefe dos Chefes'], divisa, sobretudo, com ambígua transigência, a apologia do poder e da força" (BENFANTE, 2008).

Muitas vezes, daí derivam identidades contraditórias, o individualismo exasperado, o fatalismo, a tendência à reivindicação, o assistencialismo, o vitimismo, certa "cultura da lamúria", a confusão entre legal e ilegal, uma elaboração subjetiva e consoladora da memória. Com a ausência sistemática de uma política de perfil elevado, essas categorias se tornam os substitutos do que antigamente era chamado de "questão siciliana" e "questão meridional".

"O fato é que", continua Benfante, "a cidade talvez ainda não possa, e certamente não quer mudar, refugia-se no próprio passado, na memória, na memória nostálgica e consoladora, se embevece com glórias antigas, com maravilhas já amareladas pelo tempo, elege (às vezes sem ler) *O Gattopardo* como seu livro mais amado (amando sobretudo o 'gattopardismo' sucedâneo)" (BENFANTE, 2008).

Um outro escritor, Edoardo Rebulla, fala de Palermo como de uma cidade que "agoniza" e critica a abusada e semanticamente esvaziada categoria de "projeto", em especial na concepção do Zen:[3]

"Um exemplo? O bairro Zen da nossa cidade, projetado por um arquiteto (Vittorio Gregotti) de acordo com as opiniões expressas por Maldonado, mas onde, há quarenta anos, respiramos um ar tão forte de degradação social e exclusão a ponto de levar um outro famoso arquiteto, Massimiliano Fuksas, a propor sua demolição. Talvez com dinamite e tomando a precaução de afastar os habitantes (aproximadamente 16 mil)" (REBULLA, 2008).

O musicólogo Piero Violante fala de "arrogância indiferentista da classe política", que se impõe "na medida em que percebe que os valores da opinião pública estão cada vez mais fáceis e negociáveis", definindo-a como "evanescente, imprecisa e oportunista para além dos alinhamentos" (VIOLANTE, 2008).

Como definir "o esfacelamento de Palermo e da Sicília", se pergunta a escritora Beatrice Monroy? A resposta rompe secamente o que define o "silêncio da língua cortada" da cidade:

"O renascimento é impossível, somos uma cidade folclórica, os turistas vêm fotografar o esfacelamento que vendemos como 'fascinante demais', nossos colegas do resto do mundo se apaixonam pela degradação e, quando vou trabalhar fora daqui, me chamam de 'uma

Posfácio

mulher corajosa'; para eles, a coragem consiste em viver nesta nojeira". (MONROY, 2008)

Os sucessos das forças de segurança deram aos jovens a possibilidade de se identificar não com mitos, mas com pessoas de carne e osso que manifestaram dons pessoais fora do comum e as puseram a serviço da justiça, o que não gera apenas razões de revolta moral, mas muda a percepção do interesse próprio. A herança inestimável daqueles que combateram a máfia é o fato de ter oferecido, também àqueles que operam na ilegalidade, a possibilidade de mudar a própria reputação, tornando-a limpa e honesta. O desemprego provoca a organização das famílias que vivem nos bairros de risco, segundo formas de microcriminalidade classificáveis como "de subsistência". O furto dos menores se torna, assim, instrumento de complementação da magra renda familiar constituída, em sua maior parte, de subsídios relativos ao desemprego, remessas de emigrados, trabalhos ocasionais dos maridos ou das mulheres e filhos — sobretudo serviços domésticos —, contrabando de cigarros, tráfico de drogas. A instigação à criminalidade juvenil nasce, em muitos casos, dentro das famílias[4] com uma "socialização precoce" do crime.

Em Palermo, foi registrado um aumento da "mafiosidade" dos comportamentos transviados dos jovens, com um incremento progressivo dos delitos ligados a entorpecentes, com o envolvimento instrumental dos menores por parte das famílias mafiosas. Tal fenômeno muitas vezes envolve famílias inteiras na atividade de tráfico. Trata-se, na maior parte dos casos, de uma vasta rede capilarmente difusa na cidade. Verifica-se um "trabalho de equipe", muitas vezes entre mães e filhos, nos quais esses últimos, até por volta de 10 ou 12 anos, não são apenas traficantes de varejo, mas sentinelas prontas a enviar o sinal de perigo. Uma das arenas do tráfico de drogas é o Zen, bairro símbolo de todas as periferias desagregadas. Ali, a crianças cada vez menores que ficam à mercê das mais atrozes lógicas mafiosas,[5] são confiados encargos como o de "avião", "olheiro" ou de venda de drogas.

CATTURANDI

Muito recentes são três histórias que dizem respeito a menores que estudam para ser delinquentes. A primeira aconteceu em Mondello, conhecida localidade balneária de Palermo, onde a polícia prendeu por extorsão um jovem de 17 anos sem antecedentes criminais e de boa família. O menor cobrava de dois coetâneos, chegando a ameaçá-los com uma faca na garganta, sessenta euros para devolver dois celulares roubados na noite anterior. O extorsionário mirim foi denunciado e preso no momento do pagamento do *pizzo*.

A segunda história, ocorrida nas redondezas da estação central de Palermo, diz respeito a um estudante universitário que foi agredido e roubado por três rapazes que levaram um telefone celular, uma jaqueta de couro e uma bolsa com cinquenta euros. Também nesse caso, os extorsionários foram presos.

A terceira história aconteceu em Alcamo, um grande centro na província de Trápani. Quatro rapazes, dentre os quais um menor, organizaram um bando que aterrorizava seus coetâneos com tocaias, surras e roubos.

São histórias atuais. São histórias que nos fazem ver concretamente o que significa a socialização precoce do crime e como é necessário intervir nos processos de formação da identidade e da reputação, enfrentando o mito da violência, da prevaricação, do sucesso a todo custo, da lei do silêncio, aquele "espírito de máfia" de que falava Gaetano Mosca. Mais do que todas as indústrias, a máfia precisa de publicidade, mas não pode fazê-la porque atua ilegalmente, portanto, utiliza-se, nas diversas fases, da publicidade que lhe é oferecida externamente. Sob vários aspectos, as finalidades dos meios de informação, do cinema e dos romances populares coincidem surpreendentemente com as da Cosa Nostra, tendo por objetivo suscitar a atenção, impressionar, aterrorizar, criar mitos e mistérios, processos de identificação e mitificação. A interação com o mundo dos meios de comunicação de massa muitas vezes aumenta a confusão em torno do fenômeno mafioso e torna ainda mais difícil separar fatos e ficção. Em alguns bairros,

Posfácio

verificam-se fenômenos de mitificação das carreiras mafiosas e do papel dos chefões, estimulados também por obras de ficção recentes ou nem tão recentes assim. Na área controlada por Salvatore Lo Piccolo e por seu filho Sandro — que engloba, além da região de San Lorenzo, situada na parte noroeste de Palermo, as quadrilhas dos municípios de Capaci, Isola delle Femmine, Carini, Gillagrazia di Carini e Partanna Mondello — os dois chefões eram não apenas muito respeitados, mas também até mesmo estimados e admirados.

I.M.D. mostra como a comunicação interna e externa é fundamental para a produção e a reprodução do poder mafioso. O primeiro canal de comunicação a ser interrompido é justamente aquele entre uma subcultura mafiosa em busca de prosélitos e um mundo juvenil frustrado, desorientado, à procura de sentido, que alimenta aquela "vontade de máfia" mencionada por Bellavia e Palazzolo: na fila de comerciantes, médicos, professores universitários, advogados e engenheiros que batem à porta do chefão para obter a mediação que só a organização é capaz de fornecer, há muitos jovens audaciosos que constituem a "frente avançada da travessia da máfia rumo ao futuro".

"Sandro Lo Piccolo", escreve I.M.D., "jovem, rico, elegante e poderoso, é contemplado no Zen como um astro da canção, com a diferença que o segundo canta ao passo que o primeiro atira."

De fato, a lenda nascida em torno da sua ferocidade e da sua vida de procurado foi exaltada por muitos, que veem no jovem chefão uma imagem ideal, uma meta a ser alcançada, feita de dinheiro, mulheres, poder e "honra". Na luta atual contra a máfia e a extorsão, é necessário que o Estado e a sociedade civil (sem mitificações nem subestimações) façam de tudo para voltar a dar confiança e esperança aos adolescentes e jovens.

Ao contrário do passado, só será possível verificar em Palermo um "apelo" mais forte e incisivo dos grupos antiextorsão, antimáfia e associacionistas se soubermos utilizar a cooperação mútua para conquistar autoridade e reputação como recursos fundamentais para tornar mais vantajosa a adesão a coalizões legais do que a coalizões mafiosas.

I.M.D. está ciente disso ao escrever:

"A prisão de Provenzano, dos Lo Piccolo, de Adamo, Franzese, Pulizzi e outros certamente não bloqueou o poder intimidador e a força destrutiva dessa organização, mas, se a eles acrescentarmos os criminosos ainda em fuga, Mimmo Raccuglia, Matteo Messina Denaro, Giovanni Nicchi etc., a 'derrapada' será tal que, em poucos anos, seria possível desferir um golpe decisivo à Cosa Nostra, interrompendo totalmente seu crescimento e expansão. É necessária, porém, a reação contínua e imediata das instituições, que, intervindo prontamente, impedem a renovação geracional dentro das 'famílias'. Para fazer isso, são necessárias políticas de desenvolvimento e legalidade que invistam nas áreas mais atingidas, ou seja, o sul da Itália. Não são suficientes as ações de repressão do Estado, que, certamente, são necessárias, mas, para atingir o resultado mencionado, devem ser acompanhadas de investimentos econômicos, sociais e culturais que eliminem o substrato social e ideológico da estratégia mafiosa-clientelista, que serve de alimento e apoio para as organizações criminosas e seus chefes." (I.M.D., 2008). Desse substrato, as 'capturas excelentes' puseram em foco algumas figuras importantes como a do "comparsa".[6]

Outro fator que destaca o papel importante do associacionismo na luta contra a máfia e que contribui para caracterizar a fase atual da luta contra a extorsão e a máfia como a "temporada da confiança" (COSTANTINO; MILIA, 2008)[7] é o nascimento, em Palermo, lugar de origem da Cosa Nostra, da associação antiextorsão Libero Futuro.

A resposta das forças públicas, do Estado e dos cidadãos às chacinas mafiosas foi forte, mas não tão forte a ponto de desencadear um processo decidido de desarraigamento do fenômeno mafioso. A esse respeito, escreve Emanuele Macaluso:

"A máfia não é um bando de criminosos que pode ser derrotado e destruído com uma ação judiciária. A máfia não é uma excrescência que pode ser cortada com o bisturi. A máfia está dentro da sociedade, na sua cultura, faz parte dos métodos de governo local e nacional. Por isso não é com leis excepcionais que podemos vencê-la, mas com o Estado de Direito (essa foi a polêmica de Leonardo Sciascia), que significa rigor em nome da lei. A máfia é derrotada se as estruturas sociais e políticas são difundidas no território e têm força e prestígio para exercer uma orientação. É derrotada com uma batalha cultural. É derrotada se a política adquire uma hegemonia com comportamentos adequados. Isso não aconteceu e não acontece. E a obra das forças de segurança e dos magistrados pode apenas conter o fenômeno, mas não derrotá-lo" (MACALUSO, 2007, p. 14).

O valor concreto e simbólico das vitórias do Estado é imenso, pois contribuiu para desestabilizar a mítica base do fenômeno mafioso e abriu caminho para o entendimento a respeito de como agir em relação aos comportamentos de toda a sociedade, hibridados e condicionados pela subcultura mafiosa, com projetos, estratégias e políticas adequadas capazes de erradicar não apenas o fenômeno extorsivo, mas as próprias bases do sistema mafioso de proteção que é a origem da ilegalidade difusa e do atraso no desenvolvimento.

Isso mostra como a questão mafiosa é fundamentalmente política, de escolhas políticas precisas. Essa é a opinião de Alexander Stille, que, no prefácio à edição italiana do seu recente *Nella terra degli infedeli* [*Na terra dos infiéis*] (STILLE, 2007), afirma que, no final de 2006, "toda a Itália meridional parecia um faroeste selvagem, sem governo e ingovernável". Uma das últimas vítimas, um camorrista napolitano, tinha acabado de sair da prisão graças ao indulto aprovado pelo governo Prodi com o consentimento de quase todos os partidos. Obviamente, o indulto não foi a causa do inferno meridional, mas contribuiu para patentear a substância política da luta contra a máfia e, ao mesmo tempo, "refletir a fraqueza dos processos de decisão de uma classe política de memória curta e com pouca vontade de combater realmente o crime organizado" (STILLE, 2007, p. 7).

Todas as vezes em que agiu seriamente e combateu com determinação a máfia, o Estado conseguiu vencer. Stille diz: "Em meados dos anos 1970, em meados dos anos 1980 e, mais uma vez, no início dos anos 1990, o governo italiano concentrou os próprios recursos na luta contra o crime organizado, com resultados clamorosos e quase imediatos" (STILLE, 2007, p. 8).

Agir com seriedade na Sicília significa também ter consciência de que o Estado-nação não pode esperar governar por meio da imposição de obrigações a indivíduos obedientes, baseando-se somente na sua soberania, tanto no que diz respeito à garantia da prosperidade quanto no que concerne à manutenção da lei e da ordem. É necessário, portanto, que o Estado saiba encontrar na descentralização, na governança e na participação as novas razões da legalidade e da legitimidade. Como indicou o sociólogo David Garland, no mundo complexo e diferenciado da modernidade tardia, um governo legítimo e capaz de incidir deve delegar o poder e compartilhar a missão do controle social com organizações e comunidades em nível local. De fato, não é mais possível depender das "competências do Estado", das agências burocráticas pouco sensíveis e de soluções universalmente válidas e impostas de cima para baixo. Também em nosso país deve ficar claro que, nas sociedades complexas, um governo que pretende ser eficaz, executando políticas públicas eficazes, não pode se basear no domínio e na coerção centralizada. É necessário que o Estado promova a capacidade de governança das organizações e associações da sociedade civil, junto com os poderes locais e suas competências. Isso vale também para o controle da criminalidade (GARLAND, 2004).

O relato da experiência ético-profissional de I.M.D. nos ajuda a entender, além do valor dessa missão, com que espírito, com que tecnologias e com que determinação o Estado está atuando de forma séria na Sicília na luta contra a máfia. Mais um motivo para esperar e confiar que não será fácil voltar à "vida tranquila" que, durante mais de 150 anos, foi o terreno cultural ideal para a produção e a reprodução estendida do sistema mafioso.

Posfácio

NOTAS

[1] I.M.D. escreve: "Eu queria contar minha experiência como policial. Sentia, com força, essa exigência. Para uma pessoa como eu, que, profissionalmente, passa dias e noites em absoluto silêncio, escutando as conversas dos procurados, era chegado o momento de falar, de escrever. A ideia de um livro surgiu no dia seguinte à captura de Bernardo Provenzano, mas, por causa da busca imediata e contínua de outros foragidos perigosos, o projeto encalhou para, em seguida, ganhar corpo novamente após a prisão de Franco Franzese, ex-integrante do clã mafioso de Tommaso Natale. De fato, nas primeiras horas da manhã de 3 de agosto de 2007, após ter chegado em casa vindo dos escritórios da Squadra Mobile [Esquadrão Investigativo da Polícia de Estado], comecei a pôr no papel as primeiras anotações, aproveitando cada momento livre que o trabalho e a família me concediam. Mas parei pouco tempo depois, em 5 de novembro daquele mesmo ano, data que ficou marcada na história da luta contra a máfia em virtude da captura, nos campos de Giardinello, de quatro foragidos, entre os quais Salvatore e Sandro Lo Piccolo, e seus cúmplices. Depois, superado aquele momento exaltante e agitado, voltei a escrever. O resultado, perdoem-me a falta de modéstia, foi um livro razoável no qual — pelo menos que eu saiba — se falava pela primeira vez de homizio e de foragidos, levando em consideração vários aspectos, tanto jurídicos quanto sociológicos e criminológicos."

[2] Sobre o tema da construção do moderno Estado de Direito e da moderna estrutura da legalidade e da legitimidade, não é supérfluo reiterar, sobretudo nos contextos com forte oferta de proteção de tipo mafioso, que, para os indivíduos interessados no mercado, a racionalização e sistematização do direito se torna fundamental na "univocidade puramente *formal* da garantia jurídica", que "teve o significado de uma crescente calculabilidade do funcionamento da administração da justiça, o que constitui uma das mais importantes condições para empresas econômicas duráveis, especialmente daquelas de tipo capitalista, que precisam da "segurança do tráfego jurídico" (WEBER, 1968, v. 2, p. 189).

As condições de máxima racionalidade formal do cálculo do capital são resumidas da seguinte forma por Weber:

a) apropriação completa por parte do empresário de todos os meios materiais de produção e liberdade de mercado dos bens;

b) liberdade de empreendimento;

c) trabalho livre, liberdade de mercado de trabalho e liberdade de *escolha* dos trabalhadores;

d) liberdade material de negociação econômica;

e) calculabilidade completa das condições técnicas de produção (técnica, mecânica, racional);

f) "calculabilidade completa do funcionamento do ordenamento administrativo e jurídico com a segurança de uma garantia *puramente formal* de todas as estipulações por parte do poder político (administração formalmente racional e direito também racional)" (WEBER, 1968, v. 1, p. 161).

g) separação o mais completa possível da empresa e do seu destino da economia doméstica;

h) ordenamento o mais formalmente racional possível do sistema monetário.

[3] Apresentando o livro de Claudia Fava *Lo Zen di Palermo* [*O Zen de Palermo*] (FAVA, 2008), o antropólogo Marc Augé se detém no seu conceito de "periferia", partindo propriamente do Zen, onde identifica uma realidade complexa que deve ser estudada para além dos estereótipos, buscando "perceber como as trajetórias e as identidades individuais procuram, apesar de tudo, se constituir" (AUGÉ, 2008). É um aspecto particularmente importante colher os microprocessos identificadores que se desenrolam molecularmente segundo subculturas e módulos informativos representados nos meios de comunicação de massa e espetacularizados, sobre os quais sabemos pouco, confiando nossa compreensão sobretudo a estereótipos e representações superficiais.

Todavia, é necessário romper a crosta dura dos estereótipos, por um lado para voltar a pensar sobre comportamentos, estilos de vida, formas de comunicação, concepções de legalidade, modelos de desenvolvimento, políticas públicas e modalidades de informação e formação de cima para baixo. O que mudou desde que Vincenzo Consolo descreveu o Zen como "um lugar de punição no qual é seca a alternativa entre suicídio e homicídio"? Para Augé, é fundamental perceber "como as trajetórias e as identidades individuais buscam, apesar de tudo, se constituir" (AUGÉ, 2008). E como é possível captar esses processos moleculares sem se entregar às representações dos meios de comunicação de massa, às estigmatizações espetacularizantes e às criminalizações paralisantes? Augé indica os percursos interpretativos da antropologia que visam repercorrer os rastros da formação real da identidade sem estereótipos, sem prismas deformantes, para além dos discursos e das imagens convencionais para se sintonizar com tais processos e procurar encontrar, valendo-se de "uma etnologia do presente" (AUGÉ, 2008b), aqueles processos que o autor define como "os contornos de uma vida em fuga, que nunca termina de buscar a si mesma".

Posfácio

A análise desconstrutiva da representação midiática à qual se conforma mecanicamente todo discurso sobre o Zen leva Ferdinando Fava a identificar, a libertar "diversos universos sociais". "O resultado é uma geografia diferente do bairro, uma topografia dos campos de comunicação e da iniciativa individual dos atores, cujos relatos do bairro, nas suas múltiplas versões, são os materiais necessários: os campos da administração pública, dos serviços, das associações são os contextos centrais do *Projeto*, ao passo que, para os residentes, eles se tornam a família, as relações de vizinhança, as relações com o exterior do bairro. Dois universos se encontram e, paradoxalmente, se excluem através justamente do que os relaciona, a produção da mudança e a tentativa de elaborar a iniciativa individual, o esforço de governá-la, os dois lados reciprocamente invisíveis da fronteira real" (FAVA, 2008, p. 333).

[4] É possível dizer que o furto — escrevem Jane e Peter Schneider — é o "trabalho diário" de muitos jovens: furto de carteiras e bolsas, roubo de material de construção, roubos de carros que, em seguida, são desmanchados peça por peça. Esses delinquentes muitas vezes levam consigo uma faca, mas quase nunca andam armados com revólver; é raro também que pratiquem o furto com arrombamento nas casas. As ações mais perigosas acontecem quando os assaltantes jogam no chão as mulheres cujas bolsas estão tentando arrancar. Geralmente, trata-se de pequenos bandos de três ou quatro rapazes: um fica observando a situação, um dirige a moto e um terceiro recebe o produto do roubo e o esconde. Uma habilidade especial que faz parte da divisão do trabalho dos batedores de carteira é a de distrair não apenas a vítima, mas também possíveis testemunhas com ações diversionárias. Além dessas formas de colaboração, os "trabalhadores de subsistência" precisam de relações estáveis com os receptadores e, possivelmente, com os proprietários de edifícios abandonados nos quais é guardada com segurança a mercadoria "quente" (SCHNEIDER; SCHNEIDER, 2003).

[5] I.M.D. escreve: "De fato, no covil de Franzese foi encontrado um bilhete no qual Sandro Lo Piccolo ordenava o homicídio de um rapaz do bairro Marinella, culpado de ter atirado em um rival sem ter pedido as devidas autorizações."

[6] "Pelo que pude apurar pessoalmente, o favorecedor não é um afiliado do clã. Isso significa que, na maioria dos casos, não é um *punciutu* [ou seja, afiliado à organização criminosa]. Trata-se antes de um indivíduo que orbita fora da organização e é catalogado como pessoa 'reservada', pronta a intervir se comandada ou em caso de necessidade.

CATTURANDI

As motivações que podem levar uma pessoa a manter em casa um procurado podem ser várias: por dinheiro, prestígio (no âmbito da família mafiosa), interesse ou necessidade.

Em geral, nunca é um homem solitário que abriga o foragido; este se insere no âmbito de um núcleo familiar, vivendo como se fosse um seu integrante natural.

Esse método, que é aparentemente arriscado, oferece na verdade maior cobertura, pois é mais fácil falar aos vizinhos da visita de um parente do que alugar uma casa isolada à qual um único quitandeiro leva os suprimentos.

Giuseppe Guastella, por exemplo, morava em um apartamento com a sua companheira e alguns parentes, em um sobrado com vários andares, em uma movimentadíssima rua de Palermo. Provenzano, como todos nós sabemos, preferia se esconder em uma tapera no campo e ter como guarda um pastor acima de qualquer suspeita.

Salvatore Lo Piccolo se escondia junto com o filho Sandro, também procurado, e, com total facilidade, residia em uma mansão perto de um conhecido balneário, onde, periodicamente, era visitado pela mulher e por outros parentes.

Estratégias diferentes, por certo tempo bem-sucedidas, mas sem dúvida ligadas aos recursos em campo e ao controle do território.

Guastella, Provenzano e os Lo Piccolo se escondiam em ambientes conhecidos e próximos à sua zona de influência. Vincenzo e Giovanni Brusca, por sua vez, se escondiam na casa de um empresário acima de qualquer suspeita, longe de seu vilarejo, na província de Agrigento.

Apesar das diferenças, há uma constante: o favorecedor, o último elo, não é um criminoso reincidente e não pertence à organização, pelo contrário, é desconhecido para a maioria dos seus membros. Além de sua identidade ser ocultada dos afiliados, ele também é um estranho para a memória dos órgãos investigativos: não está presente nos arquivos, foge aos cruzamentos de dados informatizados e, se for um reincidente, cometeu delitos mínimos e, de qualquer maneira, não recentemente.

Preste atenção, porém, que se trata do favorecedor 'número zero', ou seja, o último elo da cadeia" [I.M.D., 2008].

[7] Estamos nos referindo à busca promovida pela Câmara de Comércio, pela Confesercenti [Confederação dos Lojistas], pela Confcommercio [Confederação dos Comerciantes] de Palermo e pela cooperativa social Solidaria financiada por verba do POR SICILIA 2000/2006

Posfácio

— medida 3.21c — UE, Fundo Social Europeu — Região Siciliana — Departamento Regional da Família, das Políticas Sociais e das Autonomias Locais. Os dados analisados são o resultado de um questionário enviado no mês de maio de 2008 às 77.781 empresas inscritas na Câmara de Comércio de Palermo como anexo a um guia antiextorsão e antiusura intitulada Empresa Possível. Os primeiros questionários preenchidos foram entregues na sede a partir do mês de julho.

Referências do posfácio

BENFANTE, M. La città ci presenta la sua cupa vivacità. *La Repubblica*, Palermo, 2 jan. 2008.

COSTANTINO, S. (org.). *Sviluppo, cooperazione, legalità in Sicilia. Sinergie possibili. Protagonisti delle politiche per la legalità e lo sviluppo a confronto*. Palermo: Vittorietti, 2008.

COSTANTINO, S.; MILIA, V. *Lotta al racket e all'usura: la stagione della fiducia*. Palermo: Copygraphic s.n.c., 2008.

DELLA LOGGIA, E. G. Perché il Sud è senza voce. *Corriere della Sera*, 29 mai. 2008.

GARLAND, D. *La cultura del controllo. Crimine e ordine sociale nel mondo contemporaneo*. trad. it. Milão: il Saggiatore, 2004.

MACALUSO, E. *La mafia e lo Stato*. Roma: Editori Riuniti, 1971.

_____. *Giulio Andreotti tra Stato e Mafia*. Soveria Mannelli: Rubbettino, 1995.

MONROY, B. La fuga dei giovani nella città in silenzio. *La Repubblica*, Palermo, 2 out. 2008.

SALVADORI, M. L. La sinistra e la questione meridionale. *La Repubblica*, 8 fev. 2008.

SCHNEIDER, J.; SCHNEIDER, P. *Reversible Destiny Mafia, Antimafia, and the Struggle for Palermo*. Berkeley, Los Angeles e Londres: University of California Press, 2003.

STILLE, A. *Nella terra degli infedeli. Mafia e politica. trad. it.* Milão: Garzanti, 2007.

VIOLANTE, P. Il "Familismo 'umorale' che contagia la società. *La Repubblica*, Palermo, 4 out. 2008.

WEBER, M. *Economia e società. trad. it.* Milão: Edizioni di comunità, 1968. 2 v.

Impressão e Acabamento
Markgraph.